Beatriz Acha

ANALIZAR EL AUGE
DE LA ULTRADERECHA

Serie Más Democracia

Editores: Cristina Monge y Jorge Urdánoz

¿Se puede medir la calidad de la democracia?
¿Estamos correctamente representados con el actual
sistema electoral? ¿Ha de reformarse la constitución?
¿Cómo funcionan por dentro los partidos
políticos? ¿Cómo se financian? ¿Qué ocurre con la
corrupción? ¿Cómo podemos combatirla? ¿Cuál es
el motivo que subyace a la aparición de los nuevos
movimientos políticos? ¿Son todos populistas?
¿En qué consiste la nueva cultura feminista?

La serie Más Democracia procura responder
a estas y otras preguntas en clave divulgativa,
y señala cuestiones decisivas para entender tanto
el mundo actual como los retos que plantea
la política institucionalizada.

Se trata de un proyecto editorial surgido gracias
a la colaboración con una plataforma ciudadana
que lleva el mismo nombre que la serie y que
persigue luchar contra la actual perplejidad política
a la vez que promocionar, fomentar y desarrollar
los valores y principios democráticos.

ANALIZAR EL AUGE DE LA ULTRADERECHA

Beatriz Acha

gedisa
editorial

Índice

Presentación. Ya somos europeos
Cristina Monge y Jorge Urdánoz   9

Los partidos de ultraderecha y sus
trayectorias   15

Su ideología.   37

Las causas del ascenso de la ultraderecha . .   59

Los votantes.   77

El tardío despertar de la ultraderecha
española: Vox y los demás   95

El avance de la ultraderecha: qué hacer. . . 123

Un epílogo sobre el asalto al Capitolio...
y varios aprendizajes.   143

Anexo.   151

Bibliografía   155

Presentación
Ya somos europeos
Cristina Monge y Jorge Urdánoz

Puede decirse que la llegada de la ultraderecha al sistema de partidos español viene a completar la homologación de nuestro modelo al de la mayoría de los países europeos. En 2015, y gracias en buena medida al 15M, Podemos y Ciudadanos vinieron a romper las plácidas aguas del bipartidismo imperfecto que había sido la norma desde 1982 inaugurando el multipartidismo habitual en el viejo continente; la irrupción de Vox en 2019, originada entre otras cosas como reacción del nacionalismo español frente al *procés* catalán, nos iguala con la mayoría de nuestros vecinos del norte en lo relativo a la presencia parlamentaria de la extrema derecha. Ya somos, también en lo que a la presencia de la ultraderecha en nuestro hemiciclo se refiere, plenamente europeos.

En efecto, aunque en España la aparición de un partido de ultraderecha se nos antoje algo novedoso, lo cierto es que este tipo de partidos existen en Europa desde hace mucho, mucho tiempo. La politóloga Beatriz Acha —una de nuestras mayores especialistas en el tema— nos ofrece en este libro toda una radiografía del fenómeno, proporcionándonos una inmejorable guía para adentrarnos en la comprensión del mismo. Y uno de sus mayores logros es, precisamente, situarlo en el marco europeo.

Un mundo amplio y extremadamente complejo. De hecho, tan complejo que ni siquiera existe un consenso sobre la nomenclatura. ¿Cómo han de catalogarse este tipo de partidos? ¿Son ultraderecha, extrema derecha, partidos fascistas, neofascistas, reaccionarios, nueva derecha radical, *Alt Right*, ultranacionalistas, nativistas? ¿Qué tienen en común y por qué tendemos a distinguirlos tan marcadamente de los demás? ¿Cuál es el sustrato compartido de su ideología, de su concepción del mundo y de su mirada sobre lo político? Se trata de cuestiones que, sobra decirlo, son absolutamente actuales y para las que no siempre hay una respuesta clara. Tal y como lo expresa la propia autora, en este libro «aspiramos tan sólo a poner de relieve algunos de los debates —aún abiertos— que se han generado en torno al tema, para poder comprenderlo mejor».

Unos debates que marcan en buena medida la textura política de nuestro tiempo. ¿Por qué ha sido ahora cuando ha surgido Vox con esa inusitada fuerza? ¿Quiénes son sus votantes y qué han visto en la oferta lanzada por este partido? ¿Es cierto, como se afirma, que le han apoyado los perdedores de la globalización, o ésta es una afirmación que carece de base? ¿Qué hacer ante el ascenso de estos partidos? En ocasiones se escuchan llamadas al establecimiento en España de un «cordón sanitario» pero, ¿qué sabemos de la eficacia de este tipo de medidas cuando acudimos a la evidencia europea? ¿Ha llegado Vox para quedarse, o estamos ante un fenómeno pasajero?

¿Qué tiene que ver con todo esto el tan manido concepto del «populismo»?

A éstas y otras cuestiones responde este libro en el que la profesora Acha logra sintetizar de modo ejemplar los principales vectores que nos permiten comprender de manera más rigurosa el universo de los partidos de ultraderecha. No es fácil —y es un mérito indudable de la autora— ordenar las principales cuestiones a responder, aglutinar las respuestas más importantes, organizarlas en un todo coherente y ofrecer, en un brevísimo tratado como éste, las claves fundamentales de una realidad política que lleva décadas existiendo en Europa, que acaba de llegar a España y que está, también, presente en Latinoamérica. Una realidad que parece casi consustancial a los regímenes democráticos, y por tanto a la libertad.

Existe algo parecido a un consenso en la academia en que, frente a los felices años noventa y a la primera década del milenio, algo parece haberse roto a partir de 2008 en el núcleo de nuestra comprensión, como sociedades, de lo político. Se habla constantemente de retroceso democrático, de cansancio, de fatiga. En los diversos análisis, el auge del autoritarismo, la desafección con respecto a las instituciones democráticas y el empuje experimentado por las fuerzas de la extrema derecha van habitualmente de la mano. Este libro tiene la extraordinaria virtud de iluminarnos con respecto a las principales incógnitas que rodean a un conjunto de partidos que son, sin duda, el síntoma de alguna clase de disfunción democrática. Haríamos bien en entender cuál es la enfermedad, o el miedo, o el conjunto de promesas incumplidas que los empuja, porque seguramente nos va en ello el provenir de la democracia tal y como la hemos entendido hasta ahora. No es poca cosa.

Los partidos de ultraderecha y sus trayectorias

Digámoslo claramente: la ultraderecha está de moda. Todo lo que rodea a los movimientos y partidos extremistas recibe una enorme atención por parte de los medios de comunicación: constituyen un fenómeno nuevo (al menos relativamente), revulsivo y que «vende». En torno a ellos se generan intensos debates, amplificados por las redes sociales y alimentados con las polémicas declaraciones de sus líderes, que suscitan tanto enfervorizados apoyos como rechazo y preocupación. Sí, «nos guste o no, la ultraderecha es sexy. Emotiva, conflictiva y colorida».[1]

Desde hace décadas el fenómeno ha generado también un amplio interés en la comunidad científica y académica: contamos ya con un abultado número de estudios que lo han analizado teórica y empíricamente. Algunas de las conclusiones de estos análisis se han popularizado y convertido casi en lugares comunes. Sin embargo, hay pocas cosas que podamos dar por seguras en torno al auge ultra. Como la mayoría de los fenómenos sociales, éste es complejo, multicausal, poliédrico. La dificultad de conocerlo aumenta porque los partidos implicados escapan a las denominaciones tradicionales y tratan de evitar su categorización como extremistas/radicales; porque son más propensos a sufrir conflictos internos que se saldan, a veces, con transformaciones organizativas e ideológicas que dificultan su ulterior clasificación; y porque, en algunos casos, han conseguido entrar

---

1. Tim Bale (2012). «Supplying the Insatiable Demand: Europe's Populist Radical Right». *Government and Opposition* 47: 256-274 (pág. 256).

en los gobiernos de algunos países o apoyarlos desde fuera, lo que dificulta su etiquetaje como ultras.

Pero (el éxito de) la ultraderecha en las últimas décadas también es difícil de comprender por su carácter ubicuo (pasa en todos los países, en distinta medida) y por la dificultad de acotarlo: ¿representan lo mismo Le Pen, Salvini o Wilders? ¿podemos compararlos con los partidos que gobiernan en países como Polonia o Hungría? ¿podemos incluir también en este grupo a líderes como Trump, Bolsonaro y Putin? Para analizar este fenómeno en su versión partidista y sobre todo en Europa Occidental, debemos retrotraernos varias décadas atrás. La ultraderecha no ha hecho su aparición con el cambio de siglo, ni ha sido aupada por la crisis de 2008, sino bastante antes. Y los esfuerzos por explicarla son también antiguos. En estas páginas no pretendemos resumir el conocimiento acumulado de estas décadas de estudio; tal empresa sería imposible, incluso si habláramos de una familia de partidos mucho menos estudiada que ésta. No. Aspiramos tan sólo a poner de relieve algunos de los debates —aún abiertos— que se han generado en torno al tema, para así intentar comprenderlo mejor.

¿Cuánto éxito han tenido los partidos de ultraderecha?

La pregunta parece retórica: ¡mucho! Más aún, si tenemos en cuenta que la ultraderecha no está representada exclusivamente por partidos políticos: existen, además, movimientos, redes y organizaciones no partidistas que también se nutren de esta ideología; y líderes cuya radicalidad supera con mucho a la de las formaciones que representan (piénsese, por ejemplo, en Trump y el partido republicano). Por limitaciones de espacio y por acotar el tema de este libro nos ceñiremos, sin embargo, a los partidos.

Algunos de ellos son ya conocidos: el Frente Nacional francés, el Partido de la Libertad de Austria, la Liga en Italia, Vox en España, etc. La siguiente tabla muestra sus mejores resultados hasta la fecha, y el tipo de convocatoria en la que los consiguieron:

Tabla 1. Porcentaje (%) más alto de voto
a la ultraderecha (1985-2020)★

FPÖ (Austria)	Europeas 1996	27,5
VB (Bélgica)	Europeas 2004	14,3
SVP/UDC (Suiza)	Legislativas 2015	29,4
AfD (Alemania)	Legislativas 2017	12,6
DF (Dinamarca)	Europeas 2014	26,6
PS (Finlandia)	Legislativas 2011	19,1
FN (Francia)	Europeas 2014	24,9★★
UKIP (Reino Unido)	Europeas 2014	26,6
Chrysi Avgi (Grecia)	Europeas 2014	9,4
Lega (Italia)	Europeas 2019	34,3
PVV (Países Bajos)	Europeas 2009	17,0
FRP (Noruega)	Legislativas 2009	22,9
SD (Suecia)	Legislativas 2018	17,5
Vox (España)	Legislativas nov-2019	15,1

★ Consultar el Anexo para listado de los partidos.
★★ El FN obtuvo un 33,9% en la 2ª ronda de las presidenciales de 2017.

Fuente: European Election Database (http://www.nsd.uib.no/
european_election_database).

El éxito electoral de la ultraderecha parece incuestionable: varios de estos partidos han supe-
rado el umbral del 20-25% de los votos, o de
hasta un tercio del electorado. Por paradójico que
pueda resultar, las elecciones al Parlamento Europeo se han convertido en un escenario favorable

para algunos de sus triunfos. Esto puede deberse a que en muchos Estados rigen reglas de reparto proporcionales, más favorables para las nuevas o pequeñas formaciones; a las altas recompensas que el sistema ofrece a quienes obtienen representación, en términos de recursos, pero también de visibilidad y respetabilidad; y/o a la existencia de un «efecto-contagio» entre todos los ultras de los distintos Estados-miembro. Sin embargo, estas mismas elecciones han sido también testigo de bruscos retrocesos de la ultraderecha: en Austria, por ejemplo, el FPÖ pasó de obtener el 23,4% de los votos en 1999 al 6,3% en 2004. En Bélgica, el VB bajó del 9,9% al 4,3% entre 2004 y 2009. En Dinamarca, el DF tuvo que conformarse con un 10,8% en 2019 tras haber obtenido un 26,6% cinco años antes. El descalabro también fue importante en ese mismo período para el PVV holandés, que pasó del 13,3% al 3,5% de los votos…

La pauta es también observable en las elecciones que suelen considerarse de «primer orden»: las parlamentarias. Globalmente, como los medios repiten, la ultraderecha viene experimentando una clara tendencia ascendente en las últimas cuatro décadas. En este sentido, el final de los años ochenta y, sobre todo, la década de los noventa, marcaron el inicio de lo que se considera la tercera «ola» de éxitos de esta familia de partidos. La primera había tenido lugar en la inmediata posguerra con los herederos directos del fascismo; la segunda, ya en los años sesenta. Cas Mudde, experto en el tema, estima que la extensión y normalización de estos partidos nos sitúa ante una cuarta oleada del mismo fenómeno, coincidiendo con la entrada del nuevo siglo. En esta última fase, la ultraderecha ha llegado al poder en países como Austria, Italia, Noruega y Finlandia, o ha apoyado al gobierno en otros países como Dinamarca. Es decir, ésta sería una historia de éxito indiscutible. Ahora bien, si en lugar de los datos globales miramos las trayectorias de partidos individuales, se revelan pautas parcialmente diferentes: el gráfico 1 muestra los resultados electorales de formaciones de ultraderecha que empezaron a obtener éxitos en la década de los años ochenta, y, sobre todo, noventa. El gráfico 2 muestra la trayectoria de los «recién llegados» a la escena ultra: partidos creados más recientemente y que han despuntado en este siglo.

Gráfico 1. Porcentaje de voto en elecciones parlamentarias de «antiguos» partidos de ultraderecha

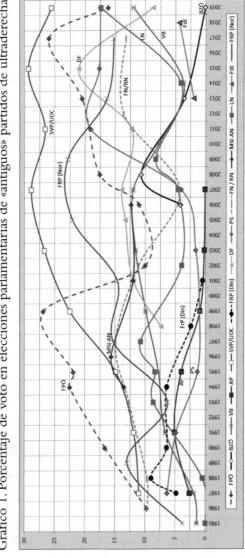

Nota: para los nombres de los partidos, consultar el Anexo.

Fuente: European Election Database (www.nsd.uib.no); Political Data Yearbook (www.politicaldatayearbook.com); PARLINE database on national parliaments (www.ipu.org/parline-e/parlinesearch.asp); www.parties-and-elections.eu.

Gráfico 2. Porcentaje de voto en elecciones parlamentarias de «jóvenes» partidos de ultraderecha

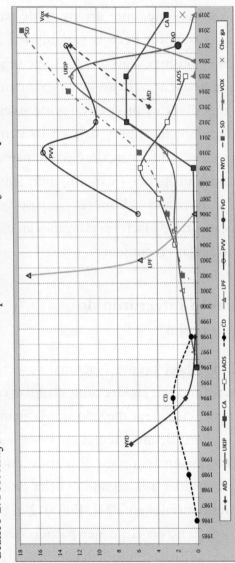

Nota: para los nombres de los partidos, consultar el Anexo.

Fuentes: European Election Database (www.nsd.uib.no); Political Data Yearbook (www.politicaldatayearbook.com); PARLINE database on national parliaments (www.ipu.org/parline-e/parlinesearch.asp); www.parties-and-elections.eu.

Estamos, ciertamente, ante un grupo de partidos con mucho éxito. Pero la variabilidad de sus resultados es altísima, algo que no suele señalarse con tanta frecuencia. Lejos de experimentar trayectorias inequívoca y progresivamente ascendentes, la ultraderecha sube y baja en las urnas (con excepciones como Suiza, donde sólo parece subir), y es muy propensa a experimentar súbitos frenazos y descalabros. Un breve repaso por los distintos casos revela factores comunes en este proceso de irregular crecimiento.

El crecimiento interrumpido de la ultraderecha

Fundado en 1972, el Frente Nacional cosechó sus primeros triunfos en las elecciones legislativas de 1986. Tras el cisma encabezado por la mano derecha de Le Pen, Bruno Mégret en 1999, y el descenso posterior en las urnas, el partido consiguió llevar a su líder a la segunda vuelta de las elecciones presidenciales en 2002. En 2012 el FN se convirtió, *de facto*, en el primer partido de la derecha francesa. En las presidenciales de 2017

Marine Le Pen consiguió pasar a la segunda ronda de nuevo, pero las legislativas de ese mismo año confirmaron la existencia de un techo de crecimiento (de ahí la transformación en *Rassemblement National*).

También en la década de los setenta se creó el Partido del Progreso noruego, que fue escalando posiciones a la par que moderando su inicial discurso anti-partidista. Convertido en la segunda fuerza política del país desde 2009, el atentado en Oslo del terrorista Breivik (antiguo miembro del partido) y el apoyo que prestó al gobierno conservador le hizo perder atractivo entre el electorado; pero le permitió ingresar en el gobierno, desde donde muchos creen que ha ido adoptando progresivamente el perfil de un partido típicamente conservador, y no ya extremista. En las legislativas de 2017 la formación sufrió leves pérdidas, y aunque renovó la coalición de gobierno, la ha abandonado recientemente.

En cierto sentido éste parece ser el proceso opuesto al vivido por el Partido Popular Suizo, que en los años noventa sufrió una importante radicalización ideológica (a la par que un meteórico ascenso) bajo el liderazgo de Christoph Blocher. Su espectacular triunfo en las elecciones de 2015, vinculado a la reacción generada por la «crisis» de las personas refugiadas, le convirtió en el partido más grande de Suiza, si bien en las últimas elecciones federales de 2019 perdió mucho apoyo.

También el éxito del Partido de la Libertad de Austria (FPÖ) arranca en 1986 tras la llegada al poder del flamante nuevo líder, Jörg Haider. La polémica participación del FPÖ en el gobierno federal en el año 2000 (que supuso sanciones a Austria por parte de la UE), pareció restarle atractivo entre el electorado y precipitó las luchas internas que acabaron con la escisión del partido. Ya sin Haider, el FPÖ consiguió recuperarse y siguió creciendo con su nuevo líder Heinz-Christian Strache, que de nuevo entró en el gobierno en 2017. La caída en desgracia de Strache por el «escándalo Ibiza» forzó su dimisión, la ruptura de la coalición, y la pérdida de un sustancial apoyo en las elecciones de 2019.

En Bélgica (o, mejor dicho, en Flandes), el Vlaams Belang siguió una espectacular trayectoria ascendente desde los años ochenta hasta casi la segunda década de este siglo. La política del *cordon sanitaire* o exclusión por parte de los demás partidos le otorgó la eterna y jugosa condición de víctima; pero también le condenó a la práctica irrelevancia política, lo que contribuyó a su desgaste electoral entre 2008 y 2018. No fueron ajenos al declive los problemas organizativos internos ni la competencia de la Nueva Alianza Flamenca. El liderazgo de Van Grieken parece haber puesto por fin al Vlaams Belang en la senda de la moderación y del éxito.

El Partido Popular Danés (DF) surgió en 1995 como una escisión del mítico Partido del Progreso (FrP) fundado en los setenta. Desde 1998 y bajo el liderazgo de Pia Kjærsgaard fue escalando posiciones hasta convertirse en el segundo partido político del país. El DF apoyó al gobierno de coalición durante la década 2001/2011, y de nuevo desde 2015, convirtiéndose así en un actor político clave. En las elecciones de 2019, sin embargo, perdió más de la mitad de sus votos.

En Holanda existieron durante décadas numerosas formaciones de ultraderecha minoritarias hasta la irrupción de la Lista Pim Fortuyn en 2002, que allanó el camino para el posterior triunfo del Partido de la Libertad. El PVV, fundado en 2006 por Geert Wilders, ascendió espectacularmente en las legislativas de 2010 y en las europeas de 2014, pero en las legislativas de 2017 el viento comenzó a soplar a favor de un nuevo competidor más moderado, el Foro para la Democracia (FvD).

En Finlandia la ultraderecha ha conseguido llegar al poder en tiempo récord: el partido de «Los Fineses» (antes «Auténticos Fineses»), creado en 1995, despegó espectacularmente bajo el liderazgo de Timo Soini en las elecciones de 2011. Tras las elecciones de 2015, el Perussuomalaiset entró en el gobierno, pero dos años después sufrió una crisis interna y sus ministerios quedaron en manos de la nueva formación escindida, Reforma Azul. En las elecciones de 2019 consiguió mantener el apoyo obtenido cuatro años antes, si bien no consiguió entrar de nuevo en el ejecutivo.

Fundado en 1988 y con raíces neonazis, el partido de los Demócratas Suecos no consiguió representación parlamentaria hasta las elecciones de 2010, tras un proceso de moderación interna impulsado por su joven líder Jamie Akkeson. En las elecciones de 2014, decidido a expulsar a los extremistas y a lavar su imagen, se convirtió en el tercer partido sueco, posición que mantuvo tras la convocatoria de 2018. De momento, el cordón sanitario sigue siendo efectivo, si bien podría estar a punto de romperse.

En Italia la historia de la ultraderecha se remonta al final de la Segunda Guerra Mundial, cuando se formó el Movimento Sociale Italiano, referente de todos los partidos neofascistas en la Europa de la posguerra. En la década de 1990 el MSI acabó disolviéndose tras su conversión en una fuerza post-fascista, Alianza Nacional, que participó en los primeros gobiernos liderados por Berlusconi. En paralelo había surgido la Liga Norte, impulsada por su agenda secesionista. Bajo el liderazgo del controvertido Umberto Bossi tomó parte también en varios gobiernos de Berlusconi y tuvo una evolución muy errática en las urnas. Con el liderazgo de Salvini, la Liga volvió a crecer y en 2018 entró brevemente en el ejecutivo. Pero recientemente ha crecido también Fratelli d'Italia, liderado por Giorgia Meloni: desde las cenizas del MSI y AN compite ahora con la Liga por el espacio de la ultraderecha.

Las formaciones ultraderechistas han sido también varias y de diverso éxito en Grecia, siendo el partido Amanecer Dorado el más famoso y el único de perfil abiertamente neo-nazi de entre todos los mencionados. Los problemas con la justicia de sus líderes no evitaron el despegue del partido en las elecciones regionales de 2010, y en las nacionales de 2012 y 2015. Sin embargo, en las elecciones de 2019 perdió todos sus representantes en el Parlamento, poco antes de que los tribunales condenaran a varios de sus líderes a prisión.

En Gran Bretaña, el Partido Nacional Británico (BNP) también tenía un perfil muy radical, pero se fue modernizando durante los años noventa bajo el liderazgo de Nick Griffin hasta conseguir representación en las elecciones europeas de 2009, en las que se produjo también el despegue del UKIP o Partido para la Independencia del Reino Unido. En las europeas de 2014 éste se convertía en el partido más votado del país, pero el triunfo de su posición en el referéndum sobre el Brexit en 2016 desencadenó una larga crisis interna al privarle de su razón de ser: la sucesión de ocho líderes distintos desde entonces no ha detenido la descomposición interna ni la debacle económica del partido.

Alemania representa uno de los casos de más tardío éxito de la ultraderecha. Por primera vez desde el final de la Segunda Guerra Mundial, Alternativa para Alemania consiguió entrar en el *Bundestag* en 2017. AfD se ha visto también afectada por crisis internas y problemas con su ala más extremista, concentrada en la zona de la antigua RDA. Pese a ello, se ha consolidado como una fuerza sólida, en un país en el que este papel ha estado desempeñado, sucesivamente, por otras formaciones muy significativas como el histórico NPD o los *Republikaner*, pero nunca tan exitosas.

Fundado en 2013, Vox es también un partido muy joven que ha puesto fin a la larga ausencia de una ultraderecha parlamentaria española. Sus espectaculares resultados en las dos elecciones generales de 2019, precedidos de su irrupción en el Parlamento de Andalucía en 2018, le han situado como tercera fuerza en el Congreso de los Diputados, desde donde pretende disputar al Partido Popular el liderazgo de la oposición.

Lejos de sus éxitos queda el modesto triunfo de la ultraderecha portuguesa, que en las últimas elecciones de 2019 consiguió un representante en el Parlamento luso a través de *Chega*. Su logro hace de Portugal otro país más de una Europa Occidental que parece incapaz de resistir el avance parlamentario de las fuerzas extremistas.

Ahora bien, debe cualificarse este avance: más que crecer progresivamente, la ultraderecha suele experimentar un fuerte despegue que le convierte en centro de la atención mediática[2] y le catapulta a posteriores éxitos. Además, frecuentemente sus triunfos han ido seguidos de sonoros fracasos. No son pocos los partidos que han vivido cortas e inestables trayectorias, y se han desvanecido rápidamente. Por eso su historia de éxito desde los años noventa lo es, en cierto sentido, también de fracasos. La tabla mostrada a conti-

---

2. La ultraderecha ha hecho su irrupción en el parlamento nacional a menudo desde el ámbito local (Amberes, Berlín, Marsella) o regional: Sajonia, Carintia, la Padania...

nuación recoge un listado de formaciones de ultraderecha que no han alcanzado representación en los Parlamentos Nacionales, pero sí en la arena europea o en el nivel local/regional, así como otras típicamente consideradas como *flash-parties*, es decir, que sí llegaron al Parlamento, pero no pudieron mantener sus resultados (irrumpieron en el sistema, pero no triunfaron). En cada país existen además otros partidos minúsculos que han fallado en su esfuerzo por obtener representantes en todos los niveles de la competición, y que son grandes desconocidos. En el relato sobre las brillantes trayectorias de la ultraderecha en Europa, debe recordarse que el éxito y el fracaso van frecuentemente de la mano y representan las dos caras de la misma moneda.

Tabla 2. La «ultraderecha fracasada»

BZÖ	Bündnis Zukunft Österreich	10,7	(Parl. 2008)
FN	Front National	2,9	(Europeas 1994)
AP	Autopartei	5,1	(Parl. 1991)
AN	Action Nationale	3,4	(Parl. 1991)
REP	Republikaner	7,1	(Europeas 1989)
NPD	Nationaldemokratische Partei Deutschlands	1,6	(Parl. 2005)

DVU	Deutsche Volksunion	1,2	(Parl. 1998)
MNR	Mouvement National Républicain	2,3	(1ª ronda Presi. 2002)
BNP	British National Party	6,3	(Europeas 2009)
NF	National Front	0,6	(Europeas 1979)
EPEN	Ethniki Politiki Enosis	2,3	(Europeas 1984)
CD	Centrum Democraten	2,5	(Parl. 1994)
LPF	Lijst Pim Fortuyn	17,0	(Parl. 2002)
NYD	Ny Demokrati	6,7	(Parl. 1991)
FN	Unión Nacional	2,1	(Parl. 1979)

La segunda característica que se repite a menudo en las trayectorias de este grupo está relacionada con esta primera, y en parte la causa: el *espacio* en el que la ultraderecha opera está densamente poblado. Pasados unos años de existencia, la aparición de competidores cercanos o muy cercanos al partido más importante en este extremo del espectro ideológico es prácticamente inevitable. De hecho, los rivales surgen muchas veces como escisiones internas, y pueden causar amplios daños, organizativa y electoralmente hablando. La existencia de problemas internos es una constante en las trayectorias de estas formaciones, devoradas a veces por las pugnas entre distintas facciones y los líderes que las representan. En otras palabras, el peligro derivado de la competición interna es muy real para la ultraderecha y supone un factor de mortalidad organizativa considerable, que ahonda en la potencial fragilidad de sus trayectorias.

Sabiendo ya quiénes son, pasemos a analizar qué son y qué quieren.[3]

---

3. Este libro se inspira en los argumentos recogidos en mi tesis doctoral, titulada: «Nuevos Partidos de Ultraderecha en Europa Occidental: el caso de los Republikaner alemanes en Baden-Württemberg». Universidad Autónoma de Madrid (2017).

Su ideología

¿Por qué llamarlo «ultraderecha»?

La de ultraderecha es una categoría genérica que designa a una nueva y amplia familia de formaciones (relativamente) similares. Hay también otros nombres que compiten por captar la esencia de estos partidos: radicales, extremistas, racistas, xenófobos, anti-inmigración, (ultra)nacionalistas, (neo)nazis/fascistas, protesta, antisistema, «outsiders», populistas, anti-elitistas... ¿cuál es la mejor? En 1988, el famoso politólogo Klaus von Beyme señalaba la dificultad de dar con los elementos comunes al «extremismo de derechas». Poco tiempo después, el politólogo italiano Piero Ignazi apuntaba también la necesidad de identificar los rasgos comunes a todos estos nuevos partidos de forma que fueran distinguibles de sus competidores más cercanos, los partidos conservadores. Para ello recurrió a tres criterios: el espacial, el ideológico y su actitud anti-sistema.

El criterio espacial: para Ignazi los partidos de extrema derecha se sitúan, precisamente, en la zona «más a la derecha» de la escala izquierda/derecha. Así lo corroboran distintos estudios y grupos de expertos, que vienen ubicando a estos partidos en posiciones por encima del «8» o, incluso, el punto «9» del continuo ideológico. Más aún, si consideramos su posicionamiento en materia de inmigración y la importancia que conceden a este tema, los expertos les ubican, salvo contadas excepciones, *aún más a la derecha*. La reciente clasificación que mide la presencia del componente autoritario de Pippa Norris y Ronald Inglehart arroja también resultados parecidos.

Tabla 3. Ubicación espacial de partidos de ultraderecha según expertos

	Laver y Hunt (1992)	Huber e Inglehart (1995)	Lubbers (2000)	Benoit y Laver (2006)	Norris e Inglehart (2019)	Restricción inmigración (2004)	Relevancia inmigración (2001-04)
FPÖ	6,7	8,5	8,5	8,6	8,7	9,6	9,0
VB	8,4	-	9,3	9,4	8,6	9,9	9,9
FN (BE)	-	-	9,5	9,4	-	9,8	9,6
BNP	-	-	9,5	-	-	9,7	-
UKIP	-	-	-	-	9,2	8,6	-
FRP (DK)	8,3	9,0	8,7	9,1	-	-	9,5
DF	-	-	8,7	7,5	8,3	9,4	9,9
PS	-	-	-	-	9,0	8,6	9,1
FN (FR)	9,3	10,0	9,5	-	8,8	10,0	9,6
DVU	-	-	9,4	9,7	-	9,7	9,5
NPD	-	-	-	9,8	9,2	9,9	9,6
REP	-	9,2	8,7	9,4	-	9,6	9,6
LAOS	-	-	-	-	9,3	9,5	-
LN	-	7,2	7,6	8,4	8,6	9,5	9,6
MSI/AN	8,4	9,3	8,2	8,4	-	7,8	8,5
LPF	-	-	-	8,7	-	9,2	9,4
PVV	5,7	6,9	6,7	8,1	8,2	-	0,0
FRP (NO)	7,3	9,1	8,1	7,8	8,1	7,8	9,3
SD	-	-	-	9,5	9,2	9,9	-
SVP	-	5,8	8,4	8,9	8,9	9,0	9,3
CA	-	-	-	-	10,0	-	-

FdI	-	-	-	-	9,1	-	-
AfD	-	-	-	-	8,8	-	-

Fuente: adaptado de Laver y Hunt (1992); Huber e Inglehart (1995); Lubbers (2000); Benoit y Laver (2006); Van Spanje (2011); Norris e Inglehart (2019).

Además de la ubicación ideológica, Ignazi tuvo en cuenta las otras dos cuestiones para diferenciar a los partidos extremistas de los conservadores y distinguir entre los primeros dos grupos: la «vieja» (o «tradicional») y la «nueva» (o «postindustrial») extrema derecha. Ambas manifestaban una clara tendencia anti-sistema; pero sólo la última mantenía su anclaje ideológico en el fascismo.

Sí, la centralidad de la «huella fascista» en la ideología de los partidos de ultraderecha (que ya no defienden (re)instaurar regímenes antidemocráticos), ha ido desvaneciéndose con las décadas. Así lo ha hecho también la utilización de términos como «neo-fascistas» o «neo-nazis» para designarlos. Sin embargo, el rechazo del fascismo, más o menos explícito en todos los partidos de ultraderecha contemporáneos, no ha eliminado las dudas sobre su carácter democrático. Al contrario, esta cuestión sigue estando en el centro de la discusión sobre la verdadera naturaleza del fenómeno; y, en consecuencia, sobre cómo definirlo.

En paralelo a la sustitución del neo-fascista MSI por el nuevo referente de la ultraderecha europea, el Frente Nacional francés, se fueron adoptando también los términos de «radicalismo de derechas» y «extremismo de derechas». Ambas denominaciones se fueron diferenciando progresivamente debido a la influencia de algunas obras seminales sobre la «derecha radical» en EEUU,[1] y al impacto de la doctrina de la Oficina para la Protección de la Constitución alemana, que ha diferenciado entre formaciones (radicales) opuestas a algunos principios constitucionales y aquéllas directamente anti-constitucionales (extremas). La distinción, como es sabido, tiene consecuencias prácticas de calado: estas últimas podrán ser objeto de vigilancia, eventualmente declaradas

---

1. Seymour Martin Lipset y Earl Raab (1978) [1981]. *La política de la sinrazón. El extremismo de derecha en los Estados Unidos, 1790-1977*, FCE, México; Seymour Martin Lipset (1959) [1987]. *El hombre político. Las bases sociales de la política*, Tecnos, Madrid; Daniel Bell (ed.) (1963). *The Radical Right*, Doubleday and Company Inc., Nueva York.

ilegales, y, por tanto, prohibidas. No así las primeras.

Si bien hasta hace poco el término «extremismo de derechas» era el más extendido, la creciente aparición de formaciones que manifestaban su respeto a las reglas del juego democrático y su continuado avance en las urnas hicieron inclinar la balanza progresivamente a favor del término «derecha radical». En este tránsito terminológico tuvo su importancia el giro de algunos de los expertos en el campo, como Cas Mudde, quien pasó a utilizar la etiqueta de «derecha radical» al incorporar a sus estudios los partidos ultras de Europa del Este. A diferencia de los occidentales, éstos dirigen a veces su retórica excluyente, no tanto contra los extranjeros o los inmigrantes, menos numerosos, sino contra algunas minorías internas (como la de origen romaní). Mudde sustituyó así el nacionalismo (término que se aplica también a formaciones etno-regionalistas liberales o democráticas), por el de nativismo como el nuevo elemento definidor central de la derecha radical: una mezcla entre nacionalismo (no liberal) y autoritarismo, pero menos «radical» que la «extrema derecha». La diferencia entre ambas estriba en la manera en que se relacionan con la (idea de) democracia: «la derecha radical es (nominalmente) democrática, incluso si se opone a algunos valores fundamentales de la democracia liberal, mientras que la extrema derecha es en esencia antidemocrática, oponiéndose al principio fundamental de la soberanía del pueblo».

La democracia que defiende la derecha radical es, según Mudde, nativista, autoritaria y plebiscitaria. Estos partidos no pretenden abolirla sino, si acaso, instaurar un modelo de democracia basado en estos tres principios, rechazando el carácter pluralista de la democracia. Ahora bien, ¿podemos concebir una democracia no pluralista? ¿Podemos calificar de democráticas —aunque no en su «versión liberal»— a fuerzas que, en su tratamiento del «otro» (inmigrante, extranjero), muestran su desprecio al principio democrático de igualdad?

En un reciente artículo, la experta Elisabeth Carter reflexiona sobre los temas que definen a la extrema derecha/derecha radical. Partiendo de uno de los primeros trabajos de Mudde rastrea la presencia de sus cinco elementos esenciales en estudios posteriores. Así, encuentra que los atributos iniciales: nacionalismo, racismo, xenofobia, antidemocracia y defensa de un Estado fuerte —o autoritarismo—, mantienen su centralidad en la ideología de estos partidos. Y que a ellos se suma el populismo y la retórica *anti-establishment*. Si bien las definiciones sobre el fenómeno tienden a ser menos dispares entre sí que hace décadas, el consenso entre expertos sigue sin ser total: el elemento que suscita más dudas es, precisamente, el del alcance del carácter anti-sistema de esta ideología, y su relación con la democracia. En este sentido, Carter destaca la centralidad de los valores democráticos (pluralismo, principio de igualdad, libertades civiles y políticas) como base de los procedimientos: «Es improbable que los partidos expresen oposición a los procedimientos e instituciones de la democracia sin rechazar a la vez los valores democráticos. Después de todo, son sus actitudes hacia los valores de la democracia los que marcan su visión sobre los procedimientos, no al revés». O, dicho de otra forma, que no se puede rechazar la democracia liberal sin rechazar también, de alguna manera, la democracia.

Y, ¿qué pasa con el populismo?

El eslogan de campaña elegido por Marine Le Pen
para las elecciones presidenciales de 2017 («En el
nombre del pueblo») recogía un tema recurrente
de la ultraderecha europea: la reivindicación, defensa y representación de la «voluntad del pueblo». Expertos y observadores han caracterizado
a los partidos de ultraderecha de «populistas», y
considerado que éste es un rasgo esencial de su
ideología. Pero, ¿qué significa el populismo? Durante la década de los sesenta y setenta, el término
se aplicó a movimientos políticos de varios países
latinoamericanos que vivieron los efectos de una
rápida modernización económica e inestabilidad
política; y también, posteriormente, a la Unión
de Defensa de Comerciantes y Artesanos (UDCA),
en la que militó un jovencísimo Jean-Marie Le
Pen. El movimiento *poujadiste* (por su líder Pierre
Poujade), que cosechó un éxito importante en las
elecciones de 1956, fue interpretado como una
revuelta contra la modernización de la economía
francesa que afectaba a sectores tradicionales, pero
recabó también apoyos en el campo tradicional

de la extrema derecha, que veía en él un vehículo adecuado para la causa del ultranacionalismo y del antisemitismo. Desde los años noventa líderes latinoamericanos como Hugo Chávez o Evo Morales, y nuevos partidos de izquierda en Europa han sido etiquetados como populistas, lo que convierte al fenómeno en uno de masas.

Los partidos de ultraderecha contemporáneos se alejan del populismo original de corte agrario; critican al *establishment,* pero no rechazan formar parte del mismo, ni lo cuestionan en su integridad; como hace décadas, se dirigen también al elector descontento y frustrado con un lenguaje corriente, directo y muchas veces vulgar, asequible al «hombre de la calle». Este lenguaje apela directamente a los afectos y busca la identificación emocional del pueblo con sus líderes. La «verdad» populista es siempre emocional.

Pese a que varios estudiosos consideran que el populismo es más bien un *estilo* discursivo/comunicativo de hacer política, otros consideran que sí estamos ante una ideología, si bien de carácter «delgado» o «débil». Para Cas Mudde, su esencia radica en la consideración de que la sociedad está dividida en dos grupos homogéneos y antagonistas, el pueblo puro y la élite corrupta, y de que la política debería ser una expresión de la *voluntad general*.

Ahora bien, de ser esto así, es difícil que el populismo dé respuesta a las cuestiones que todas las ideologías abordan. De ahí que se entienda como una ideología contingente, complementaria y receptiva a otras ideologías «fuertes», a las que acompaña. Los populistas instrumentalizan los sentimientos de ansiedad y desencanto y apelan a la «gente corriente», y a su supuestamente superior sentido común. Exhiben también una fiera oposición al *establishment* y a la clase política, a los que, por ejemplo, el Vlaams Blok belga calificaba como la «mafia política», el Frente Nacional como la «banda de los 4» (refiriéndose a los partidos tradicionales franceses de derecha e izquierda: RPR, UDF, PS y PC), y Humberto Bossi, líder de la Liga Norte, como la «nomenclatura». En este sentido, puede parecer que el populismo no afecta tanto al contenido del discurso como a la retórica o narrativa que provocan un aumento de la crispación y la polarización políticas, alimentadas de enfrentamientos, insultos y consideraciones despectivas hacia los adversarios; nos referimos más bien a una nueva forma de comunicar que no es patrimonio exclusivo de la ultraderecha, ni la define de manera particularmente acertada.

De hecho, para muchos, el populismo no añade nada a la definición de la esencia de la derecha radical/extrema. Los estudios ya mencionados de von Beyme, Ignazi, Mudde y Carter concluían que éste no es un elemento central, ni compartido por todos los partidos del grupo. Es más, el concepto de populismo aplicado a la ultraderecha dificulta a veces su análisis, por su imprecisión y amplia extensión (se aplica a muchos otros partidos). Pero, además, puede conferir cierta legitimidad a los partidos de ultraderecha, cuando no una imagen de moderación. Prueba de esto es que los propios ultraderechistas aceptan de buen grado esta denominación (mientras rechazan violentamente la de «extremistas» o «ultras»). Por ejemplo, el líder del FN, Le Pen, declaró: «El populismo es precisamente tener en cuenta la opinión del pueblo. ¿Tiene la gente derecho, en una democracia, a tener opinión? Si éste es el caso, entonces sí, soy un populista». En un sentido similar, Jörg Haider, líder del FPÖ, manifestó: «Visto así somos populistas, porque pensamos con la cabeza del ciudadano, porque luchamos por la aprobación del ciudadano, porque no nos fiamos, como hacen los viejos partidos, de la presión que ejercen el poder y la comodidad, que convierten en manejable al ciudadano».

El populismo forma ya parte del *Zeitgeist* de nuestra época. Pero la ultraderecha posee una ideología propia y reconocible, de la que éste no forma parte esencial ni exclusivamente. ¿Cuáles son, pues, los temas que sí la definen?

Sus temas

¿Qué preocupa a los partidos de ultraderecha y a sus votantes? En primer lugar, hay que destacar la importancia central de la *inmigración,* elemento común a las distintas formaciones que constituye el agravio fundamental sobre el que movilizan a sus votantes. Hace décadas, de hecho, algunos pensaban que debía considerarse a estos partidos xenófobos o directamente racistas, pero pronto resultó evidente que no eran partidos *single-issue* o de un único tema. Más bien al contrario, en sus programas la inmigración resulta ser un tema transversal que se vincula a muchos otros. De entrada, el rechazo y la hostilidad a los extranjeros se vincula con un nacionalismo extremo y exaltado, y se convierte en *l'impératif d'identité*. La identidad nacional se percibe amenazada por la creciente y excesiva presencia de extranjeros (extra)comunitarios en cada país, por la *Überfremdung* («sobre-extranjerización»), que pone en peligro la añorada y mitificada homogeneidad nacional y la preservación de la unidad cultural en todo el territorio. No es de extrañar, por tanto, que la ultraderecha se oponga abiertamente al multiculturalismo, que considera un invento artificial y fracasado, y al mestizaje. Y que, en línea con la nueva corriente del racismo cultural, defienda incluso el *derecho a la diferencia*.[2]

---

2. Pierre-André Taguieff (dir.) (1991). *Face au racisme*, La Decouverte, París; Michael Wieviorka (1992). *El espacio del racismo*, Paidós, Barcelona.

Son conocidos los intentos de la ultraderecha de vincular la inmigración con el aumento de la inseguridad y de la criminalidad en las calles. Esto sirve a su vez para justificar las deportaciones y expulsiones de extranjeros: «La mayoría de los delincuentes en el área de la criminalidad organizada son extranjeros. […] Por eso es necesario, emplear para esas personas como causa de expulsión la sospecha de pertenecer a la criminalidad organizada» (AfD, Programa de Principios, pág. 26). Conforme han ido pasando los años la ultraderecha ha vinculado la inmigración con nuevos temas como el terrorismo islámico o el «problema demográfico». El Partido de la Libertad holandés lo plantea así: «Millones de holandeses han tenido ya suficiente de la islamización de nuestro país. Suficiente de la inmigración masiva y el asilo, el terror, la violencia y la inseguridad. Éste es nuestro plan: en lugar de financiar al mundo entero y a las personas que no tenemos aquí, queremos gastar el dinero en el holandés común, en el ciudadano de a pie» (PVV, Programa electoral 2017-2021). Y AfD clama: «Hay que contrarrestar la evolución demográfica equivocada en Alemania.

La inmigración en masa, económicamente no aceptable y conflictiva, no es un medio adecuado para esto. Más bien se tiene que obtener una tasa mayor de nacimiento de la población local» (AfD, pág. 41).

Pero, como ya hemos dicho antes, la «obsesión anti-inmigratoria» no es el único tema que define la ideología de la ultraderecha. Es también conocido su *ultranacionalismo* extremo, orgánico, holístico. De carácter antidemocrático y etnocéntrico, ocupa un lugar central en sus programas y propaganda, y se reviste de un tono especialmente agresivo. El «grupo nacional» constituye la referencia indudable en el discurso de la ultraderecha, que alude abiertamente al derecho a la *preferencia nacional*. De la obsesión por lo nacional y el rechazo a lo foráneo se deriva su empeño por sustituir el derecho de suelo (donde esté vigente) por el *ius sanguinis*, y por endurecer los trámites de adquisición de la ciudadanía, las concesiones de asilo y la política migratoria en general.

¿Cómo se reconcilia este nacionalismo extremo con la pertenencia a la *Unión Europea*? Las reivindicaciones territoriales nacionalistas y la creciente competición entre diferentes grupos políticos europeos han propiciado desencuentros entre varios de estos partidos y entorpecido los esfuerzos por establecer alianzas internacionales. La coordinación transnacional en Europa se materializó por primera vez en 1984 en el grupo de la Derecha Europea, renombrado Grupo Técnico de la Derecha Europea tras las elecciones de 1989, y germen de otros intentos (liderados por diferentes partidos), por aglutinar a las distintas fuerzas ultranacionalistas.[3] En 2005 el FPÖ tomó el relevo del FN francés y dio los primeros pasos para crear el partido Identidad, Tradición y Soberanía, de breve trayectoria. Tras las elecciones de 2009 se ponía en marcha la Europa de la Libertad y la Democracia, que incluía, entre otros, al UKIP británico. En la legislatura inaugurada en 2014, el grupo dio cobijo a dos eurodiputados de los Demócratas Suecos y al inclasificable Movimiento Cinco Estrellas italiano,

---

3. Margarita Gómez-Reino Cachafeiro (2019). «La coordinación transnacional de los partidos de derecha radical populista en el Parlamento Europeo». *Real Instituto Elcano*. ARI 95/2019.

mientras que Le Pen consiguió formar un grupo nuevo, la Europa de las Naciones y la Libertad, e incluir en él a históricos miembros de la ultraderecha como el FPÖ, el VB y la Liga y a otros más nuevos como el holandés PVV y la alemana AfD, que habían rechazado el acercamiento a la ultraderecha.[4] Finalmente, en 2019 se conformó el partido europeo Identidad y Democracia, que, pese a su notable éxito, no ha conseguido atraer a miembros como Vox, Hermanos de Italia, Demócratas de Suecia o el Foro para la Democracia holandés, afiliados al Grupo de los Conservadores y Reformistas y Europeos (ECR), al que también pertenece el partido de gobierno polaco Ley y Justicia.

La dificultad histórica de la ultraderecha para establecer alianzas internacionales con fuerzas ideológicas afines es también consecuencia de los recelos de estos partidos ante Europa: la pérdida de soberanía implícita en el proceso de construc-

---

4. Los líderes de estos partidos mantuvieron una reunión histórica en enero de 2017 en un clima de euforia tras la victoria de Trump y del Brexit: «Le Pen anuncia el nacimiento de un nuevo mundo con el ejemplo de Trump» (*El País*, 23/01/2017).

ción europea choca frontalmente con su defensa de la identidad/soberanía nacional. Pero, por otra parte, Europa representa una arena electoral adicional, que les concede visibilidad, recursos y una cierta imagen de respetabilidad; es a la vez refugio y *fortaleza* contra la inmigración descontrolada, marco de convivencia y valores occidentales comunes frente al islam. De aquí la hostilidad al proyecto europeo (que oscila entre el euroescepticismo *soft* y la rabiosa eurofobia), sobre todo a la Europa institucional y burocrática. Desde 2015 y con motivo de la crisis de las personas refugiadas producida por la guerra en Siria, las posiciones anti-europeístas de la ultraderecha se han recrudecido. A ello ha contribuido también el resultado del referéndum británico en torno a la salida de la UE, que ha espoleado la demanda de celebraciones de consultas similares por parte de otros ultraderechistas.

Otro de los temas manejados por los partidos de ultraderecha habitualmente es el de la *defensa de la ley y el orden*. El endurecimiento de las penas a criminales, el establecimiento de la pena de muerte o el aumento de los recursos policiales para reforzar la seguridad ciudadana son temas recurrentes en sus discursos; como también suelen ser conservadoras sus posiciones sobre asuntos como el aborto, papel de la mujer en la sociedad, concepción de la familia, derechos de la comunidad LGTBI+, educación, etc. Sobre estas cuestiones no sólo hay diferencias importantes con otros partidos democráticos, sino también entre los distintos miembros del grupo, algunos de los cuales son liderados por mujeres y pretenden ofrecer una imagen más neutral en cuanto a temas de género.

¿Qué ocurre con el tema clásico de diferenciación entre izquierdas y derechas, el del papel y *tamaño del Estado en la economía?* Pese a que algunas formaciones se postulan como partidos de gobierno con capacidad para gestionar la economía, éste no es, ni de lejos, el tema más importante en sus programas, y sí uno en el que sus posiciones han ido cambiando. Si al inicio de la década de 1990 su posición no distaba mucho de la de los partidos conservadores tradicionales, a medida que fueron extendiendo su apoyo entre grupos sociales más desfavorecidos, estas formaciones se alejaron también de las proclamas a favor de la reducción de la intervención del Estado en la economía y en contra de la excesiva carga fiscal, como habían defendido, por ejemplo, los Partidos de Progreso escandinavos y el FN en los años ochenta. Para la ultraderecha, se pueden plantear a la vez políticas de reducción impositiva y de aumento del gasto social, si se excluye a la población inmigrante de la cobertura del bienestar: los beneficios del sistema deben dedicarse únicamente a la población autóctona.

En resumen, el término genérico de «ultraderecha» designa a formaciones que defienden temas como el rechazo a la inmigración y al proceso de construcción europea, el ultranacionalismo, la ley y el orden, la familia tradicional, y otros en los que podrían acercarse a las posiciones de partidos conservadores pero que en ellos siempre son mucho más radicales/extremas; y que, a diferencia de éstos, mantienen posiciones mucho menos definidas —si es que las tienen— en materia económica. Siendo éste un grupo con diferencias internas, esta etiqueta no anula la existencia de posibles subtipos de partidos ultraderechistas, algunos de los cuales parecen, a su vez, más moderados que otros (pero siguen distinguiéndose de los partidos establecidos por su obsesión con la inmigración). Cierto es que la mayoría de ellos no aboga por recurrir a la violencia para subvertir los regímenes democráticos. Ahora bien, como los propios expertos reconocen, se encuentran incómodos en el marco de la democracia liberal. Aunque la respeten formalmente, no comulgan con algunos de los principios que la sustentan, como la igualdad. De ahí que haya que ser cautos al considerarlos formaciones democráticas, pues defienden una *ideología de la exclusión* incompatible, incluso, con su versión meramente procedimental.

Identificar los rasgos centrales de la ideología de la ultraderecha y saber quiénes son los «sospechosos habituales» que engrosan las filas de este grupo nos permite reflexionar ahora sobre el origen de su éxito.

Las causas
del ascenso de la
ultraderecha

No es fácil explicar el porqué del ascenso de la ultraderecha: ha habido muchos intentos, pero a veces responden, cuando menos, a dos preguntas diferentes:

1. ¿Porqué existe una afinidad/propensión en ciertas personas hacia la ultraderecha, es decir, qué es lo que genera un mayor o menor *potencial* de apoyo?; y

2. ¿Porqué se activa este potencial en determinadas circunstancias, y se *vota* a los partidos de ultraderecha?

La pregunta sobre el potencial de apoyo se viene respondiendo desde hace varias décadas, y conforma lo que podríamos llamar un enfoque «de demanda» sobre la cuestión del éxito de la ultraderecha. Más recientemente, al hilo de la tercera oleada de auge extremista, se ha incidido más en la segunda cuestión, con explicaciones sobre por qué, haciendo cierta abstracción de dicho potencial, a veces se vota a favor de formaciones de ultraderecha… y a veces no. Aquí estarían englobadas las aproximaciones consideradas más de «oferta». Unas y otras son necesarias para abordar la comprensión del fenómeno en su conjunto.

Sobre el potencial o la «demanda» de extremismo

A la vista de los horrores causados por el ascenso del fascismo y el nazismo al poder, la ciencia se propuso explicar por qué existía, y qué caracterizaba, la *personalidad autoritaria,* es decir, la del individuo potencialmente fascista que podía ser atraído por el antisemitismo y la propaganda de regímenes antidemocráticos. Coincidiendo con la segunda ola de extremismo en los sesenta, se hablaba ya de una *patología normal*, propia de las sociedades industriales avanzadas: en todas ellas existía, estructuralmente, un porcentaje de personas con estilos de pensamiento rígidos, que, bajo determinadas circunstancias asociadas al cambio social rápido (o crisis), podían llegar a expresar un comportamiento extremo en la esfera política.[1] El experto Cas Mudde, sin embargo, ha rechazado que la «demanda masiva» de opciones partidistas de ultraderecha deba ser analizada como algo patológico: «Las ideas populistas de derecha radical no son extrañas a las ideologías de la democracia occidental ni son compartidas por una pequeña minoría de la población europea. De hecho, la derecha radical populista se percibe mejor como una normalidad patológica [...], bien conectada

---

1. Theodor W. Adorno, Else Frenkel-Brunswik, Daniel J. Levinson y Nevitt R. Sanford (1950). *The authoritarian personality*, Harper, Nueva York; Erwin K. Scheuch y Hans D. Klingemann (1967). «Theorie des Rechtsradikalismus in westlichen Industriegesellschaften». *Jahrbuch für Wirtschafts und Gesellschaft*, 12: 11-29.

a las ideas dominantes y en sintonía con actitudes y posiciones políticas ampliamente compartidas».

Parece lógico pensar que si los partidos de ultraderecha han experimentado un fuerte avance en las últimas décadas es porque ha habido una demanda de respuestas políticas a nuevas preocupaciones sociales. De hecho, ésta suele ser la razón por la que emergen nuevos partidos: existen demandas no cubiertas o desatendidas por los partidos ya existentes. Al menos en un principio, en las primeras fases de crecimiento de nuevas formaciones, suele existir un tema, percibido como un problema al que hay que dar solución, y que preocupa a amplios sectores de la ciudadanía. En el caso que nos ocupa, parece bastante claro que ese tema es, entre otros, el de la inmigración y su gestión. Al respecto, cabe decir que muchos europeos, según diversos Eurobarómetros, están de acuerdo con aumentar las penas a los criminales y enseñar más disciplina en las escuelas; y mantienen actitudes negativas hacia las instituciones democráticas, cuando no hacia la propia democracia. Además, recelan ampliamente de la clase política, muestran bajos niveles de confianza social y estiman (sobre todo en los países del sur de Europa) que la corrupción es un problema de primer orden. Y, sobre todo, abogan por endurecer las políticas migratorias: antes de la «crisis» de las personas refugiadas en 2015, que afectó significativamente a la percepción sobre el fenómeno, los temas y consignas de los partidos de ultraderecha parecían haber encontrado ya un amplio eco entre la población europea. En el siguiente capítulo profundizaremos en esta supuesta «demanda» analizando las razones tras el voto a los partidos de ultraderecha.

Pero no es suficiente con que los electorados demanden soluciones a nuevos problemas: esto podría explicar que emerjan nuevas formaciones; sin embargo, no bastaría para que éstas se mantengan exitosamente activas durante décadas. Para esto es necesario, o bien que el resto de partidos sigan ignorando los problemas que preocupan a determinados sectores, o bien que traten de «apropiarse» de ellos... y fracasen. En este sentido, hay evidencia de que los votantes consideran que son justamente los partidos de ultraderecha quienes mejor pueden gestionar el «problema» de la inmigración, a pesar de los intentos de otras formaciones de apropiárselo.

Pese a todo, en la mayoría de los países los porcentajes de apoyo a partidos ultras no son tan altos como los resultados de algunas encuestas sobre posiciones favorables a la ultraderecha. Es decir, hay más gente que piensa como la ultraderecha, que la que *de facto* vota por ella. No sólo esto: si la demanda de nuevos partidos crece con la aparición de nuevos temas, agravios o «problemas», la crisis de 2008 debería haber espoleado el crecimiento de la ultraderecha. Sin embargo, precisamente en países muy afectados por la crisis como España o Portugal no irrumpió un partido de ultraderecha, o allí donde sí existía, como en Italia o Grecia, no creció llamativamente. Pero sí lo hizo, y mucho, en países en los que la situación económica no empeoró sustancialmente y/o el desempleo no se disparó, como Austria, Bélgica, Holanda, Noruega, Dinamarca o Francia. El éxito de la ultraderecha debe explicarse con arreglo a otros factores, pues no parece depender de la existencia de una demanda —más o menos amplia— por parte de los electorados. Los cambios sociales que inducen la generación de nuevas demandas en los electorados europeos (y mundiales) son a largo plazo. Pero, como hemos visto, las trayectorias de la ultraderecha fluctúan, y mucho, en el corto.

Factores relacionados con la «oferta»

Nos referimos aquí a los factores que pueden convertir la afinidad con las ideas ultraderechistas, la inclinación o propensión favorable hacia esta ideología, en un apoyo real a las formaciones políticas que dicen representarlas. O, dicho de otra forma, asumiendo que existe un amplio potencial de apoyo a la ultraderecha, ¿qué favorece que quien simpatiza con estas ideas dé un paso más y apoye en las urnas a quien reclama encarnarlas? Tendríamos que hablar, en primer lugar, de factores **institucionales**. El primero de ellos es el sistema electoral: en principio, parece claro que las reglas proporcionales favorecen la aparición del multipartidismo, escenario más favorable a la aparición de nuevas formaciones partidistas como las de ultraderecha. Además de las fórmulas aritméticas concretas, la existencia de bajos umbrales (o su ausencia) para la asignación de escaños, así como la elevada magnitud de las circunscripciones, pueden favorecer el voto a nuevos partidos. Probablemente por esta razón, la ultraderecha obtiene mejores resultados en las elecciones al Parlamento Europeo que en algunas legislativas, al menos cuando éstas se rigen por sistemas mayoritarios, como ocurre en Gran Bretaña (piénsese en la trayectoria del UKIP). El ejemplo del Frente Nacional francés es también claro: consiguió acceder a la Asamblea Nacional en 1986 gracias al cambio de la ley electoral propiciada por el entonces presidente Mitterrand. Para cuando se reinstauró el sistema mayoritario, el FN ya se había dado a conocer en la vida política francesa.

También pueden facilitar o dificultar el éxito de la ultraderecha los requisitos para formar nuevos partidos y las reglas de financiación y acceso a los medios de comunicación: cuanto más duros unos y otras, más difícil lo tendrá la ultraderecha (y el resto de nuevos competidores) para materializar su apoyo social.

Otro tipo de factores que ayuda al éxito de la ultraderecha son los que se refieren a sus **recur-**

sos internos: no es sólo su capacidad para atraer apoyo financiero, sino también la existencia de un liderazgo fuerte, inspirador, que catalice el éxito y sea capaz de transformar la organización ideológica y competitivamente, además de conducirla hacia la institucionalización. Los ejemplos de grandes líderes carismáticos abundan entre los partidos de ultraderecha: Carl Hagen y Siv Jensen en Noruega, Glistrup y Pia Kjærsgaard en Dinamarca, Jimmie Åkesson en Suecia, Timo Soini en Finlandia, Le Pen (padre e hija), Haider, Farage, Wilders, Bossi, Salvini... todos estos nombres vienen asociados a casos de éxito. Sin embargo, todos ellos han sufrido también duros reveses electorales y han tenido que lidiar con agudos problemas internos. La existencia de una organización sólida, una estructura fuerte al servicio del partido favorece, en este sentido, el éxito prolongado de la ultraderecha. Pero difícilmente puede causarlo.

Los partidos cuentan con más recursos internos. Herbert Kitschelt popularizó la idea de que los propios partidos de ultraderecha pueden hacerse más (o menos) atractivos a los votantes si escogen una *fórmula ganadora* con la que dirigirse a ellos. Aunque en los noventa esa fórmula pasaba por la combinación de xenofobia y liberalismo económico, la atracción de las clases trabajadoras por la ultraderecha hizo que se abrazaran políticas distributivas a la vez que elementos autoritarios. Pronto se vio que algunas formaciones ultras conseguían mantener sus apoyos con independencia de la fórmula utilizada. A pesar de ello, la ideología de los partidos de ultraderecha parece jugar un papel en su nivel de éxito: los que han exhibido planteamientos más radicales y/o se han acercado a posiciones de ultraderecha cercanas al neo-fascismo/nazismo han fracasado a medio plazo (Amanecer Dorado, la ultraderecha en Holanda hasta los años noventa o en Alemania hasta hace muy poco) o se han visto necesitados de atemperar sus proclamas (Demócratas Suecos, Vlaams Belang) para mantener amplias coaliciones de apoyo y evitar el éxodo de los votantes hacia opciones más moderadas.

David Art ha profundizado desde otra perspectiva en el potencial de los factores internos de los partidos para explicar las trayectorias de la ultraderecha: la tipología y distribución de sus activistas, que pueden ser del tipo moderado, extremista u oportunista. La cultura política y la importancia del legado histórico de cada país influye significativamente en el modelo de organización al servicio de la ultraderecha, que puede estar compuesta por miembros y líderes extremistas limitados en sus capacidades, cuando no mentalmente inestables, estigmatizados y acomplejados ante los representantes de otros partidos con mayor experiencia de gestión. Por contra, la presencia de un núcleo de activistas y líderes modernos, instruidos y profesionalizados, centrados ya en la captación de votantes y no tanto en los problemas organizativos internos, puede hacer mucho por el avance sostenido en el tiempo —es decir, por la consolidación— de la ultraderecha.

Un tercer conjunto de factores pretende también explicar, no sólo por qué la gente quiere votar a la ultraderecha, sino por qué ese apoyo varía con el tiempo. Se trata aquí de analizar lo que ha venido en llamarse la **estructura de oportunidades políticas**. Así lo explica Herbert Kitschelt: «El futuro de la derecha radical no puede ser interpretado a través de tendencias estructurales de cambio en los sistemas de producción post-fordistas o en los Estados de bienestar [...] ni en los cambios correspondientes de nivel micro en la localización de los mercados. [...] Estos macro-cambios proporcionan el escenario en el que los políticos eligen objetivos y estrategias que influyen en el destino de los partidos políticos. Que un partido de derecha radical exitoso emerja depende de la estructura de oportunidad de la competición partidista».

Aunque no hay consenso sobre los factores que forman la «estructura de oportunidad», suele pensarse en el contexto político que rodea el éxito de la ultraderecha: éste permite explicar «fluctuaciones a corto plazo en el apoyo a la ultraderecha en un país dado o diferencias persistentes entre países», como afirma Kai Arzheimer. Hablamos aquí de si existe, o no, un espacio competitivo libre que estas formaciones puedan ocupar: si todos los partidos —pero, sobre todo, el partido conservador o similar— que defienden políticas moderadas, por ejemplo, en materia de inmigración, dejan un *espacio libre* «a su derecha» que la ultraderecha puede llenar. Esto explica por qué no siempre la demanda de políticas migratorias más duras de amplios sectores de la ciudadanía se traduce en el éxito instantáneo de formaciones ultras: en ocasiones, son otros partidos los que defienden esas posiciones, y los electores se decantan por ellos. La convergencia hacia el centro del espacio competitivo de los partidos tradicionales, y, muy singularmente, la moderación de los partidos de derechas suele actuar, así, como un buen catalizador del éxito de la ultraderecha.

Ahora bien, cabe también pensar en otra aproximación a esta misma cuestión, que defienden otros expertos: es la radicalización progresiva de la derecha moderada durante décadas en materia, por ejemplo, de inmigración, lo que abre un espacio que quizá hasta ese momento no existía. Es decir, la adopción de medidas más duras y hasta radicales en ciertas materias por parte de los partidos convencionales podría haber abierto la puerta a la legitimación de esas mismas posturas cuando han sido defendidas por la ultraderecha. Es aquí donde cobra sentido la máxima del mismo Jean-Marie Le Pen burlándose de los desesperados intentos por parte de la derecha francesa de recuperar el terreno perdido ante el Frente Nacional: «Los franceses han preferido el original a la copia», dijo, en una célebre expresión que otros muchos han replicado. La confluencia entre la ultraderecha y la derecha conservadora es criticada a veces, desde la izquierda, por servir de plataforma a la primera. Se olvida así a veces que los conservadores no son la única fuerza que ha coincidido programáticamente con la ultraderecha: recordemos las manifestaciones en contra de la llegada de inmigrantes encabezadas por alcaldes comunistas en la Francia de los años ochenta; o los esfuerzos desesperados, a veces, de algunos socialdemócratas por detener la hemorragia de votos hacia la ultraderecha, como evidenció el duro discurso contra la inmigración del Nuevo Laborismo británico.

¿Es la polarización entre los partidos tradicionales o su convergencia lo que allana el terreno para los éxitos de la ultraderecha? Probablemente la respuesta a esta pregunta es un «depende». Los partidos de ultraderecha pueden encontrar mejores condiciones para su irrupción en el sistema, es decir, para su despegue electoral inicial, en situa-

LAS CAUSAS DEL ASCENSO DE LA ULTRADERECHA

ciones en las que otros partidos parecen ignorar el cambio de circunstancias y/o las demandas del electorado, confluyendo hacia el centro del escenario competitivo; pero para poder consolidar su éxito y estabilizar su presencia electoral, es decir, en el medio y largo plazo, la polarización entre el resto de actores del sistema podría resultar más útil. Contextos políticos diferentes pueden ayudar a la ultraderecha a emerger, pero quizá no a permanecer en el tablero de juego. Dicho de otra forma, la influencia del espacio/contexto político en las trayectorias electorales de la ultraderecha puede depender del momento o fase de la vida del nuevo partido en el que se encuentre. En palabras de Carter: «los ejemplos del austriaco FPÖ y el FN francés sugieren que una vez que el partido de ultraderecha ha traspasado lo que Pedersen (1982) denomina el "umbral de relevancia", sus fortunas electorales pueden depender menos del comportamiento y la ideología de sus principales oponentes establecidos». De aquí la importancia de las reacciones iniciales de los partidos ante la aparición de la ultraderecha, como se ha visto en el caso de la ultraderecha española. Y la de medir adecuadamente las posiciones de los partidos: es fácil decir que tal o cual partido ha «girado» a la derecha o al centro; pero es mucho más difícil demostrarlo empíricamente.

Por último, es insoslayable señalar la importancia de un cuarto factor que puede tener una enorme incidencia en las trayectorias de la ultraderecha: los **medios de comunicación**. Que éstos no se limitan a reflejar la realidad, sino que crean y moldean la opinión pública, es bien sabido. Su influencia sobre la manera en que se percibe el avance de la ultraderecha y, en consecuencia, su papel en el ascenso de la misma, está menos claro. En principio puede pensarse que los medios amplifican los mensajes y los mismos éxitos de la ultraderecha, pasando por alto o minimizando sus fracasos, que son menos «vendibles». Y que, a fuerza de prestarles atención, contribuyen a amplificar su eco. Les dan una visibilidad y una notoriedad que, a ellos mismos, carentes normalmente de recursos en sus inicios, les costaría mucho conseguir. Los medios se defienden, lógicamente: ellos informan de lo que acontece. Y la ultraderecha no triunfa porque ellos cubran las noticias que brinda, sino por sus propios méritos. Pero resulta innegable, como afirma Antonis A. Ellinas en un comprehensivo estudio sobre la relación entre los medios y la trayectoria de la ultraderecha en Europa, que «el repertorio político de la ultraderecha satisface la sed de los medios de historias sensacionalistas, simplificadas, personalistas y controvertidas», y que algunos de los ingredientes típicos de los mensajes de los ultras «encajan con la tendencia creciente de los medios a dramatizar la información».

La manera en que los medios tratan a la ultraderecha se ve afectada por consideraciones comerciales y políticas, y presenta pautas muy diferenciadas: mientras que, en Alemania, por ejemplo, se impuso durante décadas una ética periodística y un fuerte consenso entre los medios de no publicitar a la ultraderecha (lo que se convirtió en un duro obstáculo para las distintas formaciones que ocuparon este espacio), en Austria la visibilidad que medios como el tabloide *Neue Kronen Zeitung* ofrecieron a Haider y al FPÖ en sus primeros años resultó decisiva. En 1986 y cuando aún el partido no había despegado en las urnas, sólo el nombre del entonces líder apareció más veces en sus titulares que los de los líderes de los partidos conservador y socialista juntos.

Se necesita mucha más investigación para saber cuál es el impacto real de la cobertura de los medios en las trayectorias de los partidos de ultraderecha. Varios estudios sugieren que es el mero hecho de obtener visibilidad lo que les beneficia: que los medios hablen de ellos, aunque sea críticamente. En cualquier caso, bien pudiera resultar que este posible impacto sea diferente, de nuevo, en función de la fase de desarrollo del partido al que nos estemos refiriendo: quizá la influencia de los medios sea decisiva, pero sólo al principio, y hasta que la nueva formación emerja. Quizá, a partir de ahí, su fortuna dependa de otros factores.

En cualquier caso, lo que esto pone de relieve es que hay muchas circunstancias que pueden afectar al avance de la ultraderecha. No todo depende de que haya nuevos temas en la agenda, ni de que ellos parezcan estar en mejores condiciones de gestionarlos. Por esto, y para seguir profundizando en las raíces de sus éxitos, conviene volver la vista a una cuestión central: sus votantes.

Los votantes

¿Qué lleva a un individuo a votar a favor de un partido de ultraderecha? ¿Qué le diferencia de los votantes de otros partidos? Las conclusiones de los estudios realizados en la década de los noventa no resultaron muy concluyentes: se trabajaba con muestras pequeñas, pues por aquel entonces no había muchos partidarios de la ultraderecha, y eran menos aún los que lo declaraban. Aunque ambos aspectos han cambiado seguimos sin contar con un claro perfil del «votante-tipo» de la ultraderecha.

La difícil caracterización sociodemográfica

En los años ochenta el extremismo de derechas parecía un fenómeno más rural o de pequeñas ciudades que estrictamente urbano; de vieja clase media y personas de más edad, es decir, parecido a lo que se había descrito como el extremismo de las clases medias en décadas anteriores. A medida que se fue extendiendo el nivel de apoyo a los nuevos partidos de ultraderecha fue aumentando también su diversidad y heterogeneidad social, lo que alimentó la creencia de que este súbito auge representaba sobre todo un fenómeno de *protesta* social. Se pensaba así que Le Pen, por ejemplo, atraía a votantes de todos los grupos de población y que su electorado, salvo una pequeña porción de votantes muy politizados, era ecléctico y, en su mayoría, compuesto de votantes «protesta» que iban y venían. Pronto se demostró, sin embargo, que éste no era un voto de rechazo, castigo, o «en contra de», para expresar descontento y alienación. Tampoco era un voto efímero. Al contrario, las consideraciones de estos votantes eran pragmáticas e ideológicas, igual que las de votantes de otros partidos. Hoy parece claro que la ultraderecha es apoyada por grupos de votantes-protesta y también ideológicos, y que, seguramente, su base se ha ido ensanchando y consolidando a fuerza de combinar ambos tipos de votantes y/o de convertir a los primeros en votantes del segundo tipo, más estables.

En paralelo a la consolidación del apoyo a la ultraderecha fueron mostrándose una serie de rasgos típicos de sus votantes. Se trataría (muy simplificadamente) de un votante joven, varón y de clase trabajadora. Por lo que respecta al *género*, se ha hablado siempre de que estos partidos son *Männerparteien*. Arzheimer y Carter, controlando el efecto de otras variables sociodemográficas, encontraron que el hecho de ser hombre «aumenta la probabilidad de que un individuo sea votante de ultraderecha en más de un 50%». Este sesgo se ha mantenido en el tiempo, confirmándose la sobrerrepresentación de votantes masculinos entre el electorado del FPÖ austriaco, los belgas VB y FN, los daneses Dansk Folkeparti y FP, el FN francés y los casos noruego y suizo, si bien ha afectado a algunas formaciones (como el Vlaams Belang o, en su día, los Republikaner alemanes) más que a otras, y no se ha encontrado en el caso del PVV holandés. Las razones de que los hombres voten más a la ultraderecha que las mujeres pueden estar relacionadas con el dominio masculino de las estructuras jerárquicas de estos partidos. Pero esto ocurre también en otras familias de partidos, y no explica por qué también en las formaciones ultra lideradas por mujeres (Le Pen, Jensen, Kjærsgaard) se observa un sesgo parecido. Otra razón para explicar la menor propensión a votar a la ultraderecha entre las mujeres podría ser el rechazo a un estilo masculino de liderazgo; o los mensajes anti-feministas y el rol tradicional de la mujer que defienden. O también, que hay muchos más hombres que mujeres entre los trabajadores manuales, uno de sus grupos tradicionales de apoyo y de los que más ha perdido con la extensión de la economía de servicios y el aumento del empleo femenino. No conviene olvidar, sin embargo, que esta diferencia entre hombres y mujeres afecta sólo al voto a partidos extremistas, y no a la afinidad con su ideología.

En relación a la *edad*, la evidencia es a veces contradictoria: por una parte, se ha señalado la forma de U de la distribución de los electorados ultras: su nivel de apoyo sería mayor entre votantes más jóvenes y más mayores. Ambos grupos podrían compartir su inclinación por opciones políticas extremistas porque son más propensos a verse afectados por la pérdida de lazos sociales —y, por lo tanto, por un menor nivel de integración social—; a la vez, son más dependientes de la estructura del bienestar, es decir, más susceptibles de contemplar a los inmigrantes como claros competidores. Por otra parte, parece también incuestionable el éxito de la ultraderecha entre jóvenes votantes —o entre quienes votan por primera vez—. Pese a que existen perfiles generacionales diferentes en cada país, en general parece que la juventud es un factor que multiplica las posibilidades de votar a la ultraderecha cuando se combina con el género masculino, la clase trabajadora y el menor nivel educativo.

Precisamente el bajo *nivel educativo* es otra de las características habituales de estos votantes, si bien no necesariamente hablamos de personas sin estudios o estudios primarios: también podrían estar incluidas las de estudios de nivel medio, o medio-bajo. Mucho menos probable sería el voto a la ultraderecha entre quienes tienen formación universitaria.

Desde los años noventa se ha venido detectando un creciente apoyo a la ultraderecha entre las clases trabajadoras. En Francia, por ejemplo, Le Pen fue perdiendo sus apoyos entre pequeños empresarios y granjeros, hombres de negocios, tenderos, artesanos... es decir, entre la pequeña burguesía, sobre todo después de su famoso comentario sobre el «detalle» histórico de las cámaras de gas. La *proletarización* de sus bases le convirtió, ya en los noventa, en el «primer partido obrero de Francia». Iguales tendencias fueron notables en el FPÖ austriaco, en los Republikaner alemanes y en los avances del Vlaams Blok en zonas de tradicional voto socialista.

También hay indicios, en línea con la hipótesis de la *desintegración social*, de que individuos menos religiosos o que no pertenecen a colectivos como sindicatos o partidos tienen más probabilidades de votar a la ultraderecha. Otros autores creen, sin embargo, que la religiosidad no predispone ni positiva ni negativamente, hacia, por ejemplo, los inmigrantes (y, por ende, el voto extremista); pero sí hacia el voto a partidos cristiano-demócratas, el cual funciona, a su vez, como una «vacuna» contra el voto extremista.

¿Podemos hablar de la aparición de un nuevo *cleavage* socioeconómico que ha servido de trampolín al éxito electoral de la ultraderecha? De ser así, atravesaría las tradicionales divisiones de clase del electorado forjando una coalición inusual y precaria entre trabajadores manuales y pequeña burguesía, como ya explicó Kitschelt. Pero, ¿cuál es el impacto de la economía en el éxito (o fracaso) de la ultraderecha? Muchas investigaciones han pretendido analizarlo a través del indicador del desempleo. A primera vista, ya podemos constatar que, si nos ceñimos al escenario de Europa Occidental, la ultraderecha está presente en los parlamentos de todos los países de la UE-15 (más Noruega y Suiza) salvo en Irlanda y Luxemburgo; y no parece ser más fuerte donde las cifras de desempleo son más elevadas. Al contrario, ha sido hasta hace poco un fenómeno más habitual en los países más ricos. Estudios de carácter cuantitativo tampoco han podido confirmar lo que parecía evidente: que altas cifras de desempleo (en el nivel estatal, regional o meso y local) crean un ambiente necesariamente favorable para la ultraderecha. Es más, algunos han constatado que el efecto del desempleo sobre el voto es negativo, lo que puede indicar que, cuando la economía va mal, incluso los votantes ultra rechazan arriesgarse y buscan el refugio de políticos tradicionales. Simon Bornschier y Hanspeter Kriesi han encontrado evidencia de algo que podría explicar estas contradicciones: los peor situados en nuestras sociedades, tanto en términos educativos como de estatus social, de hecho, no votan: «El típico votante de ultraderecha tiene un nivel educativo intermedio, pertenece a la clase obrera manual, y no carece de interés por la política […] desconfían del gobierno y no apoyan cómo funciona la democracia en su país […] ¿Cómo ha conseguido la derecha populista su estatus como defensora de los intereses de esta clase? Nuestro análisis muestra que el anti-universalismo es lo más importante para explicar por qué algunos miembros votan a la extrema derecha y otros no. Son los perdedores de la modernización cultural y no económica quienes apoyan a la extrema derecha».

Los perdedores... ¿de qué? La importancia de las actitudes

Si alguna tesis se ha popularizado en relación al auge de la ultraderecha, es la de su extensión entre los denominados «perdedores de la globalización», que constituye una versión actualizada de la teoría de la modernización, de larga tradición para explicar las razones tras los movimientos extremistas del pasado siglo. En esencia, se trataría de identificar a los sectores más afectados por los profundos cambios económicos, laborales y sociales que ha acarreado la globalización: trabajadores manuales de escasa cualificación desplazados de sus puestos de trabajo por la automatización, la deslocalización y la competencia de trabajadores extranjeros. Serían los más propensos a votar a la ultraderecha desde el miedo, la ansiedad y la inseguridad y al creer sus promesas de solucionar los problemas que les aquejan (sobre todo, culpando a los inmigrantes de los mismos). Sin embargo, los apoyos de la ultraderecha no parecen provenir exclusiva ni mayoritariamente de quienes han perdido su empleo…

El reciente estudio de Thomas Kurer arroja cierta luz sobre esta cuestión. Centrándose en el comportamiento de los trabajadores en mercados de trabajo postindustriales expuestos a la automatización, encuentra diferencias entre quienes han sobrevivido a la caída de la demanda de trabajo «rutinario» pero perciben que su posición en la jerarquía social está en declive, y aquéllos que realmente experimentan la pérdida de sus trabajos: el apoyo a partidos «populistas de derechas» vendría de entre los primeros, de quienes sobreviven en un ambiente de declive estructural, y no, como tendemos a creer, de quienes experimentan real y efectivamente situaciones de penuria económica.[1] Lo que sería congruente

---

1. Thomas Kurer (2019). *The Declining Middle: Political Reactions to Occupational Change*. Conference Paper. Disponible en: www.researchgate.net/publication/312304299_The_Declining_Middle_Political_Reactions_to_Occupational_Change.

con el argumento de Bornschier y Kriesi ya mencionado.

El hecho de que los cambios en la esfera social y económica y en los mercados de trabajo parezcan influir en los apoyos a la ultraderecha, pero no sepamos exactamente cómo, ha puesto en parte «de moda» la tesis de la reacción cultural o *cultural backlash*, en expresión de Pippa Norris y Ronald Inglehart. Se trata aquí más bien de entender el apoyo a la ultraderecha de quienes han reaccionado a la silenciosa revolución en los valores culturales de décadas pasadas (como ya nos contó, de hecho, Ignazi) desde posiciones autoritarias exacerbadas por el empeoramiento de las condiciones económicas y el aumento de la diversidad social.

Hay mucha evidencia de que los valores culturales y las actitudes, en concreto hacia los inmigrantes, han tenido un impacto claro en el ascenso de la ultraderecha. Así lo han confirmado estudios como el de Kai Arzheimer y Elisabeth Carter: «las actitudes negativas hacia los inmigrantes predicen fuertemente el voto a la derecha radical [...] quienes votan por partidos de derecha radical lo hacen porque están de acuerdo con sus políticas, y en particular sus llamamientos anti-inmigración».

El sentimiento anti-inmigrante puede ir unido a la desafección política, pero también a otras actitudes: el etnocentrismo, el prejuicio racial, el euroescepticismo, la hostilidad hacia los partidos tradicionales y la homofobia o las preocupaciones ante la «amenaza» del islam, se encuentran en mucha mayor medida entre el electorado de estos partidos que entre el resto de votantes. Pero son sobre todo las actitudes xenófobas o racistas y/o el deseo de reducir la inmigración lo que predice mejor quién votará a la ultraderecha.

Como ya hemos dicho, la inmigración es el tema más importante de los que aborda la ultraderecha, y el que le granjea más apoyos. La razón por la que esto ocurre es más discutida, sin embargo: hay quien cree que ha aumentado la xenofobia como consecuencia de la crisis de las identidades nacionales. Otros apoyan más bien la tesis de la «competencia étnica»: algunos votantes apoyan a la ultraderecha porque desean ver reducida la lucha con los inmigrantes por recursos escasos como el mercado de trabajo y la vivienda o los beneficios del bienestar. Esto significaría que la ultraderecha debe ser más exitosa allí donde hay más inmigrantes; y seguramente también, entre quienes pueden sentir más agudamente esa competición, que normalmente son hombres con escasa cualificación y bajo nivel educativo. Aquí conectaríamos con la tesis sobre los «perdedores de la modernización». Como ya hemos señalado, sin embargo, los factores económicos (el desempleo) actuarían, si acaso, en combinación con la presencia de elevadas tasas de inmigración. Esta mezcla sí sería la llave al universo ultra.

¿Significa todo esto que están surgiendo nuevos *cleavages,* a la vez que debilitándose las anteriores líneas de conflicto en los sistemas políticos democráticos? La mayoría de estudiosos creen que sí, y que ese *cleavage* es fundamentalmente sociocultural, y no socioeconómico: de aquí se deriva el peligro competitivo que la ultraderecha supone para los partidos socialdemócratas tradicionales. Ahora bien, no está claro que esto equivalga al certificado de defunción de la política de clase: es cierto que hasta prácticamente la década de los noventa, las divisiones políticas se explicaban por la existencia de posiciones sociales diferentes, y que ahora no están tan directamente relacionadas con los intereses que sustentaban los anteriores conflictos. Pero las nuevas divisiones pueden seguir marcadas por la pertenencia a una estructura de clase en la que lo cultural y el fenómeno de la inmigración marcan ahora una importante diferencia.

Tampoco en este punto podemos escapar de una nueva paradoja: pese a la elevada correspondencia entre las actitudes anti-inmigración y el voto a la ultraderecha, no se ha podido demostrar que sea la presencia local, cercana, con las personas de origen inmigrante, la que desencadene ese voto. Es decir, no son necesariamente las comunidades/áreas con más concentración de inmigrantes aquéllas en las que estos partidos ganan más votos. Como veremos a continuación al repasar el reciente éxito de Vox, parece existir un «efecto halo» que funcionaría, de forma análoga a como hemos visto para el desempleo, no tanto al experimentar/vivir el contacto estrecho y directo con las personas inmigrantes, sino por el temor a que ese contacto se produzca, y por considerarlo una clara amenaza.

Para entender bien cómo funcionan estos mecanismos de apoyo a la ultraderecha puede resultar útil adentrarnos en análisis cualitativos menos
centrados en las «variables» y las «hipótesis». La
socióloga estadounidense Arlie R. Hoschild ha
descrito vivamente los mecanismos que alimen-
tan el miedo y el resentimiento en una parte de
la clase obrera blanca norteamericana que vive
en comunidades racialmente homogéneas. En su
estudio sobre las bases del movimiento extremista
que ha dado origen al Tea Party, viaja al corazón
del Estado industrial de Luisiana, bastión del conservadurismo, para comprender, desde la socio-
logía de las emociones, las entrañas del apoyo al
partido republicano que aupó a Donald Trump a
la presidencia de los EEUU en el año 2016. Me-
rece la pena acompañarle en su viaje: «la escena
para el ascenso de Trump ya estaba preparada,
como lo está la leña cuando se enciende la ceri-
lla. Habían confluido tres elementos: desde 1980,
prácticamente todas las personas con las que hablé
tenían la sensación de haber estado pisando un
suelo movedizo en lo económico; este hecho los
llevó a desconfiar de la idea de "redistribución".

Ellos también se sentían marginados en lo cultural: sus opiniones sobre el aborto, el matrimonio gay, los roles de género, la raza, las armas y la bandera confederada se ridiculizaban en los medios nacionales, que los consideraban atrasados. Se sentían, además, parte del declive demográfico [...] todo esto era parte de la historia profunda. En esa historia profunda, una serie de personas ajenas a uno se ponen delante en la fila, se cuelan, haciéndole sentir ansiedad, resentimiento y temor. Un presidente que se alía con los que se cuelan le hace sentirse a uno desconfiado y traicionado. Una persona que va por delante en la fila le insulta: le llama "cogote rojo" ignorante y él se siente humillado y de mal humor. En lo económico, cultural, demográfico o político uno se siente de pronto extraño en su propia tierra» (énfasis mío).

La obra de Hoschild nos ayuda a conocer mejor el fenómeno de la ultraderecha. Aunque centrada en el contexto americano, sus paralelismos con la situación en Europa son amplios. Su relato señala la responsabilidad conjunta de factores económicos y culturales en el auge extremista.

Pero, además, su obra es un buen ejemplo de cómo los mecanismos psicológicos y emocionales detrás de este fenómeno global se comprenden a veces mejor desde lo local y desde posicionamientos intelectuales y metodológicos reconciliados con técnicas cualitativas de análisis de la realidad social.

El tardío despertar de la ultraderecha española: Vox y los demás

3.656.979 votos y 52 diputados. Es el resultado de Vox en las últimas elecciones al Congreso de los Diputados, celebradas el 10 de noviembre de 2019. Unas cifras impresionantes que certifican el éxito de una corta pero fulgurante andadura política. ¿Se parece en algo a la de otros partidos de ultraderecha?

Sobre la trayectoria de Vox

Vox es uno de los integrantes más jóvenes de esta familia. Fundado en 2013, apenas ha tenido tiempo de consolidar una trayectoria que se inició tímidamente en las elecciones de 2015 y marcó un hito en las regionales andaluzas de 2018, su primer gran triunfo en las urnas. Los casi 400.000 votos (10,96%) y 12 escaños obtenidos en estos comicios le convirtieron en el quinto partido y potencial muñidor de mayorías en el Parlamento de Andalucía, y arrojaron sobre él la luz de los focos mediáticos de todo el país, preparando así su exitoso debut en la política nacional unos meses más tarde.

El crecimiento en las urnas de Vox desde 2018 no ha sido, sin embargo, ininterrumpido: tras las elecciones generales de abril de 2019, en las que obtuvo su primer gran triunfo a nivel nacional, las europeas, autonómicas y municipales celebradas apenas un mes después confirmaron su capacidad de obtener representación local (530 ediles, pero presentándose en menos del 10% de los municipios españoles), autonómica (haciendo su entrada en nueve cámaras) y europea (Vox consiguió un 6,2% de los votos y 3 escaños inicialmente, que pasaron a ser 4 tras el Brexit); pero la múltiple convocatoria de mayo arrojó también

una importante pérdida de apoyo para el partido
con respecto al mes anterior. Así mismo, en los
6 meses que transcurrieron entre las elecciones
generales de 2015 y las de 2016, Vox perdió casi
un 20% de los votos. Ciertamente, habiendo
tan pocas observaciones en esta distribución, no
puede afirmarse que el apoyo al partido vaya a
ser necesariamente inferior en estos niveles de la
competición o en elecciones consideradas «de
segundo orden». Pero sí sugieren que su crecimiento podría no ser siempre estable.

Los últimos éxitos de Vox no suponen, obvia-
mente, que la ultraderecha se haga presente ahora
por primera vez en España. Pero casi, pues su primero —y, hasta Vox, último— gran triunfo tuvo
lugar en 1979 con la elección del histórico líder
de Fuerza Nueva, Blas Piñar, como diputado al
Congreso. Desde entonces había sido descrita
como «una especie moribunda», un conjunto de
formaciones y grupúsculos extremistas que apenas consiguieron salir de la marginalidad política
durante décadas. Así, tras el declive de Fuerza
Nueva y ya en la década de los noventa, agrupa-
ciones como las distintas Falanges (Española de

las JONS, Alternativa y Española Independiente) compitieron con nuevas candidaturas como la Alianza por la Unidad Nacional, liderada por el conocido activista Sáenz de Ynestrillas, o Democracia Nacional. Todos juntos no llegaron a sumar más de 44.000 votos (y ningún escaño) en el conjunto del territorio en las elecciones generales. El escenario a finales del siglo pasado, cuando ya los grandes partidos de ultraderecha en Europa Occidental habían conseguido sustanciales éxitos, era prácticamente el de un movimiento de alcance meramente urbano, organizado en torno a tres ciudades: Madrid, Barcelona y Valencia. Así lo analizó el experto Xavier Casals: «Madrid irradió mensajes e iniciativas que tendieron a perpetuar el discurso de matriz piñarista, mientras los sectores más dinámicos e innovadores emergieron de forma mayoritaria en Barcelona, donde existía una tradición importadora de mensajes europeos [...] Finalmente, en Valencia se desarrolló una extrema derecha escuadrista y anticatalanista, defensora del regionalismo valenciano o blaverismo. En este marco se desató una pugna intensa entre ámbitos renovadores y tradicionales que se

superpuso a la dicotomía Madrid-Barcelona y a
la de jóvenes-viejas generaciones». El despegue
electoral seguía sin llegar.

Entrado ya el nuevo siglo emergió una nueva
formación en el panorama político catalán, Plataforma per Catalunya (PxC), liderada por un
piñarista, Josep Anglada, que consiguió en poco
tiempo poner el tema de la inmigración en el
centro del debate político local. El cambio se
había evidenciado en las elecciones municipales de 2003 y 2007, cuando al menos cinco partidos de ultraderecha obtuvieron, mantuvieron o
aumentaron su representación en gobiernos loca-
les. De entre estos partidos, PxC se erigió como
la alternativa con más fuerza, al obtener un importante número de escaños en los ayuntamientos
de ciudades como Vic (donde consiguió casi un
20% de los votos); pero fracasó en consolidarse a
nivel regional y estatal.

La debilidad histórica de la ultraderecha en España se ha venido explicando por su atomización
y fragilidad organizativas (y, consiguientemente,
por su debilidad financiera); por las dificultades
que el sistema electoral impone a los nuevos par-

tidos de ámbito nacional (salvo que concentren su voto provincialmente); y por la prevalencia de una estructura de *cleavages* en el sistema de partidos centrada en la cuestión territorial; amén de por la escasa extensión de la conciencia/sentimiento nacional(ista) español entre la ciudadanía. Pero todos estos intentos de comprender el fracaso de la ultraderecha han saltado por los aires con la irrupción de Vox en el tablero político. ¿Significa esto que, definitivamente, se ha puesto fin a esta peculiar trayectoria? ¿en qué medida supone Vox una ruptura con esta atípica evolución, si la comparamos con la de otros países europeos? Más aún, ¿en qué medida se ajusta el perfil de Vox al de otros partidos de la ultraderecha europea?

La ideología de Vox

En principio, el origen de Vox como escisión del Partido Popular sin vínculos aparentes con los tradicionales núcleos de la ultraderecha franquista y/o falangista puede hacer pensar en una ruptura con la tradición de la ultraderecha española. La heterogeneidad de las fuerzas extremistas tradicionales no facilita definir en qué ha consistido el núcleo central de esta ideología. Tampoco lo hace la imprecisión de Vox en este campo: el partido concurrió a las elecciones generales sin un programa electoral propiamente dicho, con un documento denominado «100 Medidas Urgentes para la España Viva», al que en 2020 añadieron el «Programa Protejamos España» que recoge, en dos páginas, «10 medidas urgentes para salvaguardar la salud y la economía de los españoles» ante la «crisis nacional del coronavirus». En estos documentos y en los libros de entrevistas a líderes del partido se observan ciertas similitudes con el discurso de otros partidos de ultraderecha. Así, por ejemplo, en materia social/moral el partido se posiciona contra el matrimonio gay y la ideología de género, y a favor de la cadena perpetua y la familia formada por el padre y la madre. Dice Santiago Abascal, preguntado por la propuesta de Vox con respecto al aborto: «Para nosotros el único objetivo lícito es el aborto cero. Es inaceptable matar a un niño en el vientre de su madre. Por mucho que una parte de la sociedad lo haya aceptado de manera natural igual que otras sociedades aceptaron los sacrificios humanos y otras aceptaron el esclavismo. [...] En España, el aborto es un método anticonceptivo, fundamentalmente; y eugenésico, para terminar con un niño que tiene problemas. Incluso por razones económicas o de comodidad».[1]

En materia económica Vox mantiene posiciones (neo) liberales, lo que es habitual en otros partidos de ultraderecha, sobre todo en sus primeras etapas de crecimiento: baja fiscalidad, austeridad, reducción del déficit y del gasto, y recortes drásticos para los políticos (no para los ciudadanos), en orden a desmontar el sistema autonómico. Para Vox se puede mantener el gasto social sin hacer pagar más a los ricos (quienes no se sentirían así tentados de evadir impuestos u ocultar su patrimonio) desmantelando la estructura de la España autonómica, y crear así «un Estado fuerte, pero con el menor tamaño posible», al servicio de las necesidades de la nación española.

---

1. Santiago Abascal (2015). *Hay un camino a la derecha. Una conversación con Kiko Méndez-Monasterio*, Editorial Stella Aris, Barcelona.

Ésta, y no la economía, es, ciertamente, la gran cuestión que preocupa a Vox: la vertebración de España y la unidad nacional, que consideran amenazada. El ultranacionalismo es el hilo que cose sus propuestas, y que vincula a Vox con el ideario de otras formaciones de ultraderecha española y europea. De entrada, la formación del partido estuvo relacionada con la supuesta debilidad mostrada por los dirigentes populares hacia los nacionalismos de ámbito no estatal. La hostilidad hacia éstos era manifiesta en el primer presidente, Alejo Vidal-Quadras (que dimitió en 2015 tras su fracaso en las elecciones europeas). Y también en su sucesor Santiago Abascal, quien había presidido la Fundación DENAES para la Defensa de la Nación Española, así como en su equipo de colaboradores más cercano. El repertorio ultranacionalista de Vox se alimenta de esta animadversión, y, para el experto Casals, entronca claramente con el integrismo nacionalista decimonónico. El ultra-españolismo, de carácter orgánico (la nación la constituimos todos, incluso los muertos y los aún no nacidos), se plasma en la idea de la «España viva», por oposición a la anti-España (los independentistas, los comunistas), y deviene un recurso esencial en la propaganda pseudo-bélica y anti-islamófoba de Vox. Pero, además, se relaciona también con el mensaje anti-inmigración, común al de otros partidos de la ultraderecha europea. En el programa de Vox este tema se aborda desde el apartado dedicado a «Defensa, seguridad y fronteras», lo que permite vincular directamente el fenómeno migratorio con la criminalidad y el delito. De ahí que se defiendan medidas como la expulsión de los inmigrantes ilegales y de los que delinquen, el incremento del gasto en defensa, el fortalecimiento de las fronteras (incluyendo la construcción de un «muro infranqueable» en Ceuta y Melilla), el aumento de las exigencias para la concesión de la nacionalidad, la supresión del arraigo como vía rápida para acceder a la misma, etc.

Con todo, la inmigración ha sido para Vox, hasta hace muy poco, un tema secundario y subordinado al de la unidad nacional, si lo comparamos con el peso de la retórica xenófoba en otros partidos ultras. Como también ocurre con el elemento populista, menos presente en Vox que en otros partidos de la misma familia. Así lo expresa en su análisis sobre la ideología de Vox Carles Ferreira: «El populismo como una ideología fina que contrasta un pueblo "puro" contra una élite corrupta casi no está presente en el discurso de Vox. La palabra "pueblo" no es mencionada nunca, en comparación con apelaciones constantes a "España" —más incluso que a "los españoles"—. Su retórica es mucho más nacionalista que populista [...] la denuncia contra las élites siempre viene acompañada de otra ideología central, que actúa como mensaje principal».[2] Efectivamente, la crítica a las élites es aquí menos acerada y se reviste siempre del componente nacional: se critica así a las de izquierdas y a las «progres» que destruyen España, a las «balcanizadoras», y a las traidoras de derechas que no han defendido con valentía la unidad de la nación. El pueblo no son los desclasados ni los desposeídos:

---

2. Carles Ferreira (2019). «Vox como representante de la derecha radical en España: un estudio sobre su ideología». *Revista Española de Ciencia Política*, 51, 73-98. Disponible en: https://doi.org/10.21308/recp.51.03 90.

son los españoles sin patria. Y la dicotomía no es, realmente, entre las élites y el pueblo llano, sino entre la nación española y sus enemigos. Esta menor intensidad del componente populista en la ideología de Vox con respecto a otros partidos de ultraderecha refuerza su consideración como elemento no central ni definitorio, sino más bien epidérmico, de la ideología de la familia de los partidos de ultraderecha. Eso sí, Vox participa activamente de las formas que suelen acompañar ese estilo de hacer política, y se encuentra cómodo en el debate bronco y crispado: «Que nos vituperen, etiqueten e insulten nos encanta. No queremos estar en el tono tibio y gris de los otros», admite Rocío Monasterio, presidenta de Vox en la Comunidad de Madrid.[3]

Caben pocas dudas sobre la pertenencia de Vox al universo ultra europeo, a pesar de su rechazo a ser catalogado como uno más de estos partidos. Vox ha sido cuidadoso, precisamente, a la hora de construir sus alianzas internacionales.

_____

3. En *La España Viva. Conversaciones con doce dirigentes de Vox* (2018), Kalma Libros, Madrid.

Pese a que su creación fue saludada por los dirigentes de varios miembros del entonces activo
Grupo Europa de las Naciones y de las Libertades en el Parlamento Europeo, que le felicitaron
por sus éxitos en 2019, el partido ha declinado
entrar a formar parte de su sucesor, Identidad y
Democracia, formado tras las últimas elecciones
europeas; y ha escogido afiliarse con el —apa-
rentemente— menos radical Grupo de los Conservadores y Reformistas Europeos (ECRG). A él
pertenecen partidos como Hermanos de Italia,
Demócratas de Suecia o el holandés Foro para
la Democracia (y en su momento, los Conservadores británicos); y, sobre todo, el polaco Ley y
Justicia, con cuyo conservadurismo y catolicismo
Vox ha querido identificarse de manera especial.
¿Qué hay detrás de esta apuesta de Vox, que había
iniciado contactos con el —entonces llamado—
Frente Nacional de Le Pen? Todo parece indicar
que la elección de Vox tiene poco de ideológica
y mucho de estratégica. Es decir, que, en lugar de
priorizar la coherencia programática, la dirección
del partido ha valorado los daños reputacionales
que conllevaría una adhesión al grupo formado

por partidos tan conocidos como el Vlaams Belang, el FPÖ austriaco, la AfD, la Liga italiana, la Reagrupación Nacional francesa o el Partido Popular Danés.

Si bien no niega ocupar un espacio más a la derecha que el Partido Popular, Vox rechaza la etiqueta de ultra/extrema derecha, y reivindica su carácter propio, su naturaleza «excepcionalmente española». Aliarse con partidos con la historia del Frente Nacional daría argumentos a sus adversarios ideológicos. Es cierto que la posición de la Liga defendiendo al separatismo catalán podría haber dificultado su integración en el grupo Identidad y Democracia. Pero también lo es que la Nueva Alianza Flamenca, que pertenece a su mismo grupo, es la gran valedora de Puigdemont. No, no es la coherencia ideológica lo que ha llevado a Vox a elegir a sus compañeros de viaje en Europa, sino sus cálculos sobre los costes derivados de esta alianza. Por de pronto, y además de la ganancia reputacional (no menor), Vox ha conseguido burlar el cordón sanitario del PE a los ultras colocando en la tercera vicepresidencia de la Comisión de Agricultura y Desarrollo Rural a su europarlamentaria Mazaly Aguilar. Está por ver que esta política de alianzas, sin embargo, resulte un movimiento netamente beneficioso para Vox: la opinión pública española puede no conocer en qué grupo se ha integrado Vox, o juzgar este hecho irrelevante; o, incluso, tras la salida del grupo del partido conservador británico, dejar de considerarlo como una alianza de partidos netamente conservadores y sí bastante parecidos a los agrupados bajo Identidad y Democracia.

El éxito de Vox: qué lo ha favorecido y quién le ha votado

Si seguimos el esquema planteado en las páginas anteriores, los triunfos de Vox se deben, muy probablemente, a una conjunción de factores de «demanda» y de «oferta». Entre los primeros, y por fijarnos en las elecciones andaluzas de diciembre de 2018, las de su irrupción, existe un amplio consenso sobre el impacto que la «cuestión catalana» tuvo en el elevado apoyo que la formación verde consiguió en Andalucía. El sondeo postelectoral del CIS mostró que los votantes de Vox manifestaban haberle votado por «su discurso sobre la inmigración» (41,6%), pero también «porque defiende la unidad de España» (33,7%), «para frenar a los independentistas» (28%) o «por su defensa de los símbolos nacionales» (12%). Es decir, que lo relacionado con la defensa de «lo nacional» fue escogido en mucha mayor medida que la inmigración como causa del voto a Vox. Esta pauta se mantuvo también en las elecciones generales de abril de 2019: casi un 60% de los votantes a este partido (frente a un 24% de la media) admitían que lo que estaba ocurriendo en Cataluña había influido en su decisión de voto. Ciertamente, las elecciones andaluzas tuvieron también un carácter regional: los resultados de anteriores convocatorias ya venían mostrando una alteración en la tradicional correlación de fuerzas a favor de los socialistas, indicando un amplio potencial para el cambio político en la región, donde el descontento con la situación política y económica era muy amplio; pero el *procés* sirvió de catalizador para el despegue del partido. Y, en otro plano, a esto contribuyó también la publicación de la encuesta del CIS en la que se pronosticaba que el partido conseguiría entrar en el Parlamento de Andalucía,[4] lo que hizo que pasara a recibir amplia cobertura mediática. Sus espectaculares resultados el 2 de diciembre (casi un 11% de los votos y 12 escaños) hicieron el resto: Vox se hizo conocido de la noche a la mañana en todo el país.

Pero, ¿quién votó a Vox en Andalucía? Los primeros análisis con datos agregados apuntaban que la formación había recibido más apoyos en localidades con mayor porcentaje de población inmigrante, pero también en municipios con elevado nivel de renta, en los que no suele haberla. Más aún, los datos a nivel de sección censal mostraron que esta relación con la inmigración no era tan clara: en línea con lo que ya hemos señalado para otros casos europeos, no sería el contacto directo y cercano con la población inmigrante lo que motivaría el voto a este partido, sino la percepción negativa del fenómeno. Además, en

4. Avance de resultados del Estudio 3230 Preelectoral Elecciones Autonómicas 2018. Comunidad Autónoma de Andalucía. Disponible en: http://www.cis.es/cis/opencms/ES/NoticiasNovedades/InfoCIS/2018/Documentacion_3230.html.

la mencionada encuesta pre-electoral del CIS, sólo el 3,2% de los/as andaluces habían expresado que la inmigración era el principal problema de su comunidad, y un escaso 9,8% la había mencionado en segundo lugar. El análisis de Stuart J. Turnbull-Dugarte también encontró que no era la preocupación por la inmigración, ni tan siquiera la desconfianza en el sistema político, lo que motivó el voto a Vox en las andaluzas, sino el conflicto territorial.[5] Por otra parte, en términos sociodemográficos no se arrojaba un perfil distintivo, sino bastante coincidente con el de la población en general, lo que apoyaría la tesis de que, al menos en estos momentos, el electorado de Vox sería transversal y más bien movido por el elemento de protesta o por los temas de la campaña (especialmente, los referidos al proceso independentista).

¿Cambió sustancialmente el perfil del votante de Vox en las elecciones generales de apenas unos

5. Stuart J. Turnbull-Dugarte (2019). «Explaining the end of Spanish exceptionalism and electoral support for Vox». *Research and Politics*: 1-8.

meses después? Los datos de las encuestas postelec-torales sobre quienes reconocen haber votado a Vox indican que, en términos sociodemográfi-cos, se mantuvo la pauta de un electorado ma-yoritariamente masculino, que se considera de clase media-media, con una distribución de edad bastante similar a la del conjunto del electorado (salvo por el hecho de que es apoyado por menos jóvenes y por menos personas mayores de 65 años); y con un nivel medio de estudios. Es decir, un perfil relativamente similar al del conjunto de la población (salvo por el sexo) y que encaja sólo en parte con el de otros partidos de ultraderecha europeos, que cuentan con muchos más votantes de extracción obrera y menos recursos económi-cos entre sus apoyos.

Pero, sobre todo, los datos de las elecciones de abril y de noviembre parecen confirmar un perfil actitudinal entre el electorado de Vox:[6] casi el 60% de los votantes (declarados) de Vox admitían en abril de 2019 que lo que estaba ocurriendo en

6. Centro de Investigaciones Sociológicas (2019). Estu-dio nº 3248. Postelectoral Elecciones Generales.

Cataluña había influido en su decisión de voto: un 80% de estas personas habían decidido votar por el partido «que mejor podía parar a los/as partidarios/as de la independencia de Cataluña» o «que defiende más la unidad de España», mientras que el 36% calificaba la situación política de «mala» y casi el 38%, de «muy mala».[7] Seis meses después estos porcentajes eran aún más altos: 38% y 50,9%, respectivamente, si bien la visión sobre la situación política era casi igualmente negativa entre el electorado del PP. De hecho, lo que este ciclo electoral de emergencia de Vox ha puesto de relieve es, justamente, la fluidez entre los electorados de uno y otro partido: prácticamente dos tercios de los votantes de la ultraderecha espa-

---

7. Se ha confirmado la importancia de la identidad nacional (española) junto con la negativa evaluación de la situación política a la hora de explicar el voto a Vox en las elecciones de abril de 2019 (definido, no sólo con arreglo al recuerdo de voto, sino también a través de la probabilidad de votarle): Stuart J. Turnbull-Dugarte, José Rama y Andrés Santana. (2020). «The Baskerville's dog suddenly started barking: voting for VOX in the 2019 Spanish general elections». *Political Research Exchange*, 2:1, 1781543, DOI: 10.1080/2474736X.2020.1781543.

ñola lo fueron previamente de la derecha conservadora. Esto marca también una diferencia
con otros partidos de ultraderecha, que, como ya
hemos dicho, se nutren de antiguos votantes de
partidos de izquierdas.

De hecho, en varios aspectos el fenómeno de
Vox parece lo que, en principio y justamente,
buscó ser: una versión «más de derechas» del Partido Popular. Quienes dijeron haberle votado en
las elecciones generales de 2019 se autoubicaron
más a la derecha en el eje ideológico, valo-
raron más negativamente la situación política,
dieron más importancia a la crisis catalana en
su voto y se definieron en mayor medida como
«sólo españoles» o «más españoles» que de su res-
pectiva comunidad autónoma. Ahora bien, existen también diferencias importantes entre ambos
electorados. Además de contar con votantes más
jóvenes, declaradamente menos «católicos prac-
ticantes» y con mayores ingresos que los del PP,
los de Vox muestran mayores inclinaciones autoritarias: en abril, un 15,2% de quienes afirma-
ron haber votado a Vox estaban de acuerdo con
la frase: «En algunas circunstancias, un gobierno

autoritario es preferible a un sistema democrático»; este porcentaje había subido al 21% en noviembre de 2020, manteniéndose sin embargo en ambas fechas por debajo del 5% en el caso de los (auto-declarados) votantes del PP. Todo parece indicar que son los votantes desencantados con el PP y más radicales/extremos en sus posicionamientos políticos, es decir, precisamente aquéllos a quienes la cúpula dirigente del nuevo partido se viene dirigiendo desde su formación, quienes habrían abandonado al partido conservador. ¿Es esto otro signo del éxito real y potencial de Vox?

Los «peligros» para Vox: qué podría frenar su crecimiento

Paradójicamente, lo que parece un amplio nicho de crecimiento podría también convertirse en un límite al avance de Vox: el partido podría alcanzar pronto su techo electoral si no consigue llegar a otros segmentos del electorado más allá de los (ultra)nacionalistas y/o movilizables en torno a la cuestión identitaria, mayoritariamente exvotantes del PP o de ciertos sectores de Ciudadanos. Más

aún, en la medida en que estos votantes lo son,
en parte, porque se han visto muy afectados por
la crisis catalana, una desactivación de este tema
en la opinión pública podría favorecer la deser-
ción de parte de ellos, que aún no han podido
demostrar cómo de leales a la nueva marca serán.
Ocasionalmente, polémicas como las brindadas
por la exhumación de los restos de Franco apenas
un mes antes de las elecciones generales de noviembre podrían proporcionar esporádicos picos
de apoyo a los de Vox (un 18% de quienes de-
clararon haberle votado manifestaron en la citada
encuesta del CIS de noviembre que este hecho les
había influido); pero es dudoso que brinden un
apoyo sólido y continuado a la nueva formación.
De momento, la competición con el PP ha colo-
cado a Vox en una posición desde la que ejercer
cómodos ataques contra «el padre» (más eviden-
tes desde el divorcio causado por la moción de
censura contra el Gobierno): una posición claramente a su derecha; pero también por debajo
de él.

Otro nubarrón aparece en el cielo de Vox: su
desigual implantación territorial. En comunida-

des autónomas como Navarra, País Vasco, Galicia o Cataluña, su presencia es muy minoritaria. No parece que el sistema electoral sea el culpable de este fracaso, pues, como es sabido, bastaría con que Vox obtuviera apoyo en una provincia de cada comunidad para alcanzar representación en las cámaras autonómicas. Así se ha producido su entrada en el Parlamento Vasco tras las elecciones de julio de 2020: Vox se ha hecho con un escaño gracias a los 4.734 votos de Álava, una circunscripción del mismo tamaño que la de Bizkaia (25 escaños) con un censo de menos de 260.000 electores frente a los más de 950.000 vizcaínos. No, la debilidad de su implantación parece tener más que ver con su radical hostilidad hacia los nacionalismos periféricos. Si bien esta fragilidad estructural puede no resultar decisiva en la fase de crecimiento en la que Vox se encuentra, es improbable que no dificulte sus aspiraciones de convertirse en un gran partido, y merme sus pretensiones de alcanzar posiciones de gobierno.

Por último, Vox se enfrenta también al mismo peligro que otros partidos de ultraderecha europeos: el interno. La organización goza de salud

financiera (gracias, en buena medida a las ayudas
públicas a los partidos —que siempre ha criti-
cado— en concepto de gastos electorales o de
subvenciones por su presencia institucional), y
de un importante plantel de cuadros directivos
con experiencia política previa en el PP o en otras
organizaciones de diversa índole. Se ha dotado
de un perfil moderno, apostando por la comunicación con los más jóvenes a través de las redes
sociales, donde se ha convertido en el partido
más activo; y ha adoptado agresivas tácticas de
campaña a través de redes de apoyos y contactos
internacionales.[8] Pero en su corta trayectoria, ha
generado también un amplio malestar interno: el
partido aplazó durante la pandemia la celebración
telemática de elecciones primarias a los Comités
Ejecutivos Provinciales, además de estipular que
se celebraran sólo en provincias con más de 500
afiliados (19 de las 52). Finalmente celebradas tan
sólo en siete provincias, las primarias generaron

8. Anne Applebaum (2019). «¿Qué hay detrás del auge
de Vox? Polarización, tecnología y una red global». *The
Washington Post*. 03.05.2019.

denuncias de irregularidades por parte de candidaturas no oficiales, además de hacer aflorar el dato de en torno a 45.000 afiliados, lo que podría sugerir una caída en las cifras de membresía que se habría revertido, según el partido, tras el debate parlamentario de la moción de censura. Pero, además, Vox ha centralizado su estructura interna reeligiendo en marzo a la cúpula del partido en un congreso sin votación y sin oposición. El cambio en los estatutos de Vox, que han consagrado el poder del Comité Ejecutivo Nacional, es otro ejemplo de procedimientos que se rigen por la falta de transparencia y de democracia interna, y de un estilo organizativo muy característico de otros partidos de ultraderecha. La existencia de conflictos se ha evidenciado en las suspensiones de militancia a varios diputados autonómicos, el abandono de su escaño por parte de conocidos líderes como Francisco Serrano, candidato de Vox a la presidencia de la Junta de Andalucía y la escisión del partido TÚpatria, que aspira a ocupar un espacio de liberal-conservadurismo entre Vox y el PP.[9] Sólo el

9. https://www.tupatria.es/.

tiempo puede decir si estos conatos de oposición interna se convierten en un verdadero problema para la trayectoria de Vox, como les ha ocurrido a otros partidos de ultraderecha.

Pese a su origen como una formación política nueva, desgajada del PP y sin aparentes conexiones con sectores de la ultraderecha española clásica, Vox es partidario de revisar el pasado histórico. Abascal ha defendido que el partido no tiene una postura sobre la Guerra Civil y el franquismo, pero sí sobre la libertad: «los españoles tenemos el derecho a interpretar nuestro pasado cada uno como quiera, sin que tenga que venir la izquierda a decirnos a todos cómo tenemos que hacerlo [...] Mi postura es que el responsable de la Guerra Civil fue el Partido Socialista Obrero Español, con el golpe del 34 primero y el asesinato de Calvo Sotelo —¡y el intento a Gil Robles!— después». Por otra parte, la cerrada defensa por parte de la cúpula de Vox de la actuación de decenas de exmandos del ejército («son nuestra gente») que enviaron una carta al Rey en la que criticaban duramente al gobierno «social-comunista» por suponer un «grave riesgo para la unidad de

España» va más allá de constatar su especial atractivo entre los cuerpos de policía y sectores de las Fuerzas Armadas, patrón común con el de otros partidos de ultraderecha europeos. Su vinculación con determinados sectores reaccionarios y antidemocráticos podrían, eventualmente, alienar a parte del electorado conservador que ha apoyado a Vox, cortocircuitando así el trasvase de votos desde el PP. En sentido contrario, y aunque Vox está lejos de haber instrumentalizado el tema de la inmigración en la misma medida que otros partidos de ultraderecha, su último giro discursivo con ocasión del drama de los inmigrantes llegados a Canarias («Stop Invasión Migratoria», reza su último eslogan) sugiere también un intento por capitalizar los beneficios de su posible politización, y expandir sus bases de apoyo. Estos últimos movimientos estratégicos confirman el alineamiento de Vox con el esquema discursivo de la ultraderecha europea y plantean, inevitablemente, la cuestión de cómo reaccionar ante su crecimiento.

El avance de la ultraderecha: qué hacer

Si la ideología de la ultraderecha atenta contra los principios esenciales de la democracia como la igualdad y amenaza la paz y la cohesión social, parece lógico pensar en cómo frenar el avance de las fuerzas que la propagan. Sin embargo, en algunos países europeos, partidos que suelen considerarse defensores de estas ideas han entrado en el gobierno, o, como en el caso de Dinamarca (y, en España, Andalucía), han alcanzado posiciones desde las que influir en él. ¿Significa esto que la ultraderecha no es, en realidad, tan peligrosa? ¿O que, aun siéndolo, es mejor para la democracia normalizar su presencia y aceptar su plena participación en el sistema? La respuesta a estas preguntas, de carácter normativo, depende, en parte, de otra cuestión: dirimir cuáles son las consecuencias de la presencia de la ultraderecha en nuestras sociedades. Algo que no es nada fácil.

Suele entenderse que los partidos políticos persiguen objetivos de diferentes tipos: votos (o escaños), posiciones de gobierno (cargos) o (capacidad de influir en las) políticas. Más que centrarse en uno solo (aunque no es lo habitual, los tres podrían llegar a ser contrapuestos), las formaciones políticas ya establecidas suelen tender a combinar objetivos de los tres tipos. No así los nuevos partidos, que en sus inicios aspiran, a lo sumo, a aumentar sus ganancias en las urnas para poder consolidar su propia existencia. Los partidos de ultraderecha han pasado mucho tiempo (décadas, en algunos casos), orientados al primero de los objetivos: la consecución de triunfos electorales. Pero desde comienzos de siglo hemos asistido a la transformación de algunos de ellos en opciones partidistas «respetables» o incluso «coalicionables», que han pasado a sentarse en el gobierno de sus respectivos países, o ayudado a formarlo.

La progresiva generalización de sus éxitos electorales y su creciente capacidad de establecer alianzas con otros partidos y/o alcanzar cargos de representación ha hecho que empecemos a prestar más atención a su posible influencia política. En este sentido, se ha señalado el posible efecto «contagio» en otros partidos políticos, notablemente de (centro)derecha, que se manifestaría, sobre todo, en la adopción de políticas más restrictivas en materias de migración y/o asilo. La presencia de la ultraderecha en el gobierno o (incluso) fuera de él, habría supuesto según muchos expertos un endurecimiento de las políticas de inmigración y un contagio de, a veces, todo el sistema de partidos de sus posiciones. Sus posibilidades de condicionar el establecimiento de la agenda o la elaboración de políticas públicas serían, en este sentido, muy elevadas. Como también sería notable el efecto de su presencia en las posiciones de otros partidos y en las pautas de competición partidista.

Ahora bien, en los últimos tiempos se está cuestionando el supuesto «giro a la derecha» de la política europea en general y/o de los partidos

conservadores en particular, así como el papel de
la derecha radical en la adopción de políticas migratorias más restrictivas, o en la politización del
tema de la inmigración. En este sentido, se ha
puesto de relieve que los partidos ultras sólo con-
siguen realizar un impacto en las políticas públicas
si actúan de manera conjunta con otros actores
establecidos, desplazando así el foco de interés
desde la ultraderecha hacia esos «otros» partidos.
Por ejemplo, algunos estudios han destacado que
la inmigración interesaba ya a los partidos conservadores y de centroderecha antes de la aparición
de la derecha radical y que han sido los primeros
quienes han legitimado a sus más directos competidores al regular restrictivamente este fenómeno
desde la década de los setenta. Tal y como plan-
teábamos en el capítulo «Las causas del ascenso
de la ultraderecha» siguiendo la tesis de Ignazi, el
giro a la derecha previo de la derecha conservadora y su repliegue posterior hacia posiciones
más centristas, habría creado el espacio en el que,
después, la ultraderecha camparía a sus anchas.

Otros han señalado que sólo desde el gobierno
puede conseguirse este impacto, y que, precisa-

mente, la ultraderecha suele atravesar numerosas dificultades cuando forma parte de coaliciones de gobierno, lo que limita su capacidad real de maniobra. En este sentido, parece muy discutible que alcanzar posiciones de gobierno consiga «domesticar» a la ultraderecha. La hipótesis de la «inclusión/moderación», que se hizo popular desde los años noventa al analizar la evolución de partidos llegados al poder como el FPÖ austriaco, ha sido cuestionada por la evidencia de otros casos, como el de la Liga de Salvini, o el Partido Popular Suizo, cuya radicalización no se ha visto mermada ni un ápice como resultado de su participación en el ejecutivo. Esto sugiere la necesidad, de nuevo, de analizar con más detalle las evoluciones de los distintos partidos, así como las distintas dimensiones del fenómeno de su posible «normalización» o *mainstreaming*. Según Tjitske Akkerman, de hecho, pueden identificarse al menos cuatro de ellas: en general y con respecto a la radicalidad, los partidos de ultraderecha han mantenido posiciones extremas en los temas de inmigración, autoritarismo e integración europea, con algunas excepciones de partidos que se han moderado temporalmente al orientarse hacia el objetivo de la búsqueda de votos. La normalización/ moderación sí son más apreciables si nos fijamos en otras dimensiones distintas de la ideológica, como por ejemplo el comportamiento *anti-establishment* de estos partidos, que tienden a abandonar a cambio de una amplia disposición a cooperar con otras fuerzas parlamentarias; su perfil de partidos «nicho» (centrados en un único tipo de votantes), que se amplía a posiciones socioeconómicas de centro (lo que puede suponer una fuga de votantes, pero también la posibilidad de ampliar las opciones para cerrar alianzas); o su reputación, que claramente muchos de estos partidos tratan de moderar. La estrategia «des–diabolizadora» seguida por Marine Le Pen muestra la importancia de la moderación de la propia marca del partido cuando la ultraderecha se orienta, no sólo a la búsqueda de cargos públicos, sino también, lisa y llanamente, a la de más votos.

Si no está en absoluto claro que los partidos de ultraderecha moderen sus posiciones como efecto de su paso por el gobierno, ¿por qué, entonces, se inclinan algunos partidos por coaligarse con ellos?

Sobre los cordones sanitarios y/o mediáticos: el impacto en la competición partidista, en la cultura cívica y en los regímenes democráticos

Desde que se publicara la seminal obra de Anthony Downs sobre la Teoría Económica de la Democracia en la década de 1950,[1] ha sido habitual considerar que los partidos políticos emplean distintas estrategias para hacer frente a los nuevos competidores. Efectivamente, la aparición de nuevas formaciones en sistemas previamente estables puede causar una profunda reconfiguración del sistema de partidos, incluso si la distribución de los votantes permanece inalterada. En pocas palabras: los partidos establecidos podrían reaccionar ante la amenaza, bien tratando de alejarse del nuevo competidor, bien acercándose a él. O, lo que es lo mismo: enfatizando sus diferencias con el recién llegado, o tratando de «cooptar» sus temas. La primera reacción: la «divergencia», sería carac-

---

1. Anthony Downs (1973). *Teoría Económica de la Democracia*, Aguilar, Madrid.

terística de partidos ideológicamente más lejanos: típicamente, de izquierdas. La segunda, la «convergencia», más fácilmente reconocible, de los de derechas, que recurrirían a ella con frecuencia. Ahora bien, la académica Bonnie M. Meguid ha considerado que el abanico de posibles reacciones de los partidos establecidos, incluye, además de la «acomodaticia» o «contenciosa», la capacidad de manipular y alterar la percepción de la importancia de los temas que plantea, en este caso, la ultraderecha, y su autoría. Esto implica la posibilidad de que los partidos establecidos puedan ignorar o no tomar una posición sobre/ante las cuestiones que ésta plantea. Esta táctica de ignorar deliberadamente un nuevo tema por parte de los partidos establecidos supone una señal al electorado de que no es importante, lo que reduce su relevancia. Esto no ocurre con ninguna de las otras dos: tanto la contenciosa como la acomodaticia elevan la importancia del tema, y, con ello, las posibilidades de éxito de quien lo defiende, pues el electorado puede asociarle a él.

La idea de que la derecha suele tender a aplicar estrategias para parecerse a los ultras mientras que la izquierda acostumbra a diferenciarse de ellos está muy extendida. Sin embargo, diversas investigaciones han puesto de manifiesto que también podría ocurrir lo contrario: algunos partidos conservadores, aplicando criterios normativos, se sienten más cómodos defendiendo la aplicación de un cordón sanitario a la ultraderecha; mientras que los partidos socialdemócratas pueden acabar adoptando algunas de sus posiciones en materia de asilo o migración si no pueden hacer frente al endiablado (triple) reto que su aparición les supone: el aumento de la importancia de temas habitualmente defendidos por la derecha, su atractivo entre las clases trabajadoras y la capacidad de la ultraderecha de apoyar gobiernos conservadores.

Lo que los estudios sobre las reacciones de los partidos establecidos ante la aparición de los ultras sugieren, es, en todo caso, que los primeros suelen tener en cuenta también las reacciones del resto de integrantes del sistema de partidos: es por eso que la aplicación del «cordón sanitario» sólo puede ser una estrategia exitosa si es conjunta y coordinada, y carece de sentido si no la secundan todos los partidos. Pero, en segundo lugar, la diversidad de resultados de esta estrategia, con casos de partidos de ultraderecha aislados que siguen siendo electoralmente exitosos y otros integrados que pierden fuelle, apunta también a un efecto relativo de la misma. Puede ocurrir que el efecto de la reacción de otros partidos hacia la ultraderecha dependa del momento de la vida del nuevo competidor en que ésta se adopte. Es decir, que la unión de los partidos *mainstream* tratando de aislar al ultra resulte eficaz para debilitar sus resultados electorales sólo cuando éste acaba de iniciar su andadura, y antes de que se consolide.

Hay quien piensa, sin embargo, que, incluso aunque el aislamiento a la ultraderecha no consiga reducir su apoyo electoral, siempre será preferible que el resto de formaciones rechace colaborar con las fuerzas extremistas. Quien cree, en este sentido, que es mejor que los «enemigos de la democracia» estén bien identificados y no se cobijen bajo el manto protector de otros partidos que han copiado sus mensajes para conseguir neutralizarles. Éste es un debate normativo: si la preocupación por el impacto o consecuencias de la aparición de la ultraderecha se centra, no ya en el campo de la competición y el cálculo partidista, sino en el de los valores de la sociedad civil (y, eventualmente, en el de la salud de los regímenes democráticos que se sostienen sobre ellos), las preferencias de los actores involucrados pueden orientarse hacia la adopción de modelos más combativos de defensa de dichos valores. De otra forma, se podría acabar naturalizando —y extendiendo— la ideología de la exclusión que ellos mismos pretenden aplicar a otros. En su famoso estudio titulado *Cómo mueren las democracias*, Steven Levitsky y Daniel Ziblatt han reflexionado sobre cómo se puede mantener a los políticos autoritarios al margen del poder. Así, aluden a la necesidad de que los «guardianes de la democracia» (los partidos prodemocráticos) detecten a sus enemigos a través de un eficaz cribado, les mantengan alejados de sus listas electorales y de sus bases, eludan alianzas con ellos y les aíslen sistemáticamente en lugar de normalizarlos. Fundamental también es que estén dispuestos a formar un frente común para derrotarlos: el peligro para la democracia y sus instituciones, si acceden al poder, es real.

El comportamiento autoritario de algunos políticos, que se evidencia en el rechazo a las reglas de juego, la negación de la legitimidad de los adversarios políticos, la tolerancia (o incluso fomento) de la violencia, y la inclinación a restringir los derechos de la oposición y la libertad de los medios de comunicación (actitudes fácilmente reconocibles) debe ser combatido, según creen estos autores, siguiendo a Juan Linz. Pero no a través de instrumentos como las ilegalizaciones o las prohibiciones. No, la paradoja que supone el ascenso global de la ultraderecha y el peligro que su ideología implica para la democracia es que sólo puede frenarse desde posiciones más democráticas. Y si, como parece ser el caso, son los prejuicios, el miedo y la rabia más que las circunstancias reales de privación lo que motivan su éxito, la defensa del sistema democrático —de sus valores y procedimientos— se antoja la mejor herramienta.

Un epílogo sobre el asalto al Capitolio... y varios aprendizajes

Con el manuscrito ya entregado a la editorial, los acontecimientos del 6 de enero en EEUU, que desembocaron en el conocido como «asalto al Capitolio», hacen necesario introducir en esta obra una breve reflexión de urgencia sobre los peligros derivados del ascenso de los extremismos.

Los hechos son conocidos: el presidente Donald Trump convocó una gran manifestación frente a la Casa Blanca el día en que el Congreso de los EEUU tenía que ratificar la victoria electoral del candidato demócrata, Joe Biden. Durante la misma, arengó a los miles de personas allí congregadas repitiendo una vez más su teoría del fraude electoral, y exhortándoles a que «lucharan» por su país. El desenlace de la invasión resultó dramático: cinco personas muertas, decenas de heridos, daños materiales cuantiosos, dimisiones y una cascada de imágenes «perturbadoras» para el recuerdo que el resto del mundo contempló atónito. Líderes mundiales y representantes de organizaciones internacionales manifestaban estar en *shock* por lo acontecido, mientras en los Estados Unidos el ataque se vivía también con una mezcla de incredulidad y temor: la violencia ejercida por los asaltantes y la lenta reacción de las fuerzas de seguridad, que no pudieron impedir la toma del edificio por parte de la vociferante turba, hicieron presagiar terribles consecuencias. Como resultado, y ante la posibilidad de que se dieran más altercados durante la toma de posesión del nuevo presidente, Washington amaneció tomada por los militares el día 20 y la ceremonia se desarrolló sin incidentes. La presidencia de Donald Trump ha llegado, por fin, a su final: con Joe Biden en la Casa Blanca, el *establishment* recupera el control de las instituciones, y el mundo respira aliviado.

Pero, ¿podemos realmente pasar página y asumir que comienza una «nueva era»?

Casi en paralelo al desarrollo de la «marcha» sobre el Capitolio empezaron a publicarse en medios y redes de todo el mundo mensajes de alarma y preocupación que se multiplicaron en las siguientes horas y jornadas. Intelectuales, políticos/as, personalidades de todo tipo y ciudadanía de a pie han mostrado su (casi) unánime condena ante la radicalidad de los manifestantes y la profanación de uno de los más poderosos símbolos de la democracia estadounidense. Entre estos mensajes se ha suscitado, por ejemplo, un interesante debate sobre la censura y la libertad de expresión en las redes (al cerrar varias de ellas las cuentas del mandatario); y se han planteado otras interesantes cuestiones, como, por ejemplo, si el asalto fue totalmente impredecible o existían indicios que podrían haberlo evitado. Parece que diversos informes[1] alertaban sobre la posibilidad

---

1. https://elpais.com/internacional/elecciones-usa/ 2021-01-12/un-informe-del-fbi-alerto-antes-del-asalto-al-capitolio-de-que-grupos-ultras-planeaban-una-guerra.html.

de que se orquestaran maniobras violentas para tratar de subvertir el resultado de las elecciones, que desde el mismo 3 de noviembre el propio presidente había calificado de fraudulento. Diversas y complejas investigaciones deberán poder confirmar en el futuro la existencia (o no) de responsabilidades en este sentido. Menos interés ha despertado, de momento, el análisis del perfil de los manifestantes violentos, si bien esto cambiará, previsiblemente, a medida que se tengan más datos sobre quienes sean juzgados por los hechos del 6 de enero. De momento, lo que sabemos de los «patriotas» y sus cabecillas encaja muy someramente con lo que ya conocemos de los votantes y simpatizantes de ultraderecha: (mayoritariamente) hombres blancos y enfadados, o *white angry men*.

Otras cuestiones que han aflorado en el debate público están directamente relacionadas con los temas que se han tratado en este libro. Para empezar, se ha reflexionado mucho sobre el **alcance** de esta crisis sin precedentes en la política estadounidense. Pese a que la sesión del Congreso se reanudó horas después del inicio del ataque, retomado ya el control del edificio y de la ciudad, y se certificó la victoria de Biden, resultaba difícil encarar el futuro inmediato con una mínima sensación de normalidad institucional. Los demócratas pidieron la inhabilitación de Trump, que el vicepresidente Mike Pence rechazó, y dieron paso así al segundo proceso de *impeachment* del aún presidente, acusado de incitación a la insurrección. Éste condenó tardíamente la violencia de los manifestantes, pero se mantuvo enrocado en su tesis sobre la conspiración que le había arrebatado la victoria electoral. Su participación en los hechos está fuera de toda duda y algunos medios no dudaban en calificar su papel de «líder del golpe de Estado».[2]

Pero la tentación de minimizar el daño causado a la democracia estadounidense es real: si el *impeachment* prospera, Trump no podrá presentarse a las elecciones nunca más. Aislado por buena parte de sus antiguos compañeros de partido, alejado de los focos y desprovisto de sus po-

---

2. https://www.lavanguardia.com/internacional/20210
106/6170446/trump-lidera-golpe-estado-estados-uni-
dos-joe-biden.html.

tentes altavoces mediáticos, podría pensarse que, de hecho, su capacidad de acción se verá ahora reducida, y el peligro de desestabilización política quedará, de hecho, minimizado. En este sentido, hay quien cree que la democracia ha salido reforzada, pues muy a pesar del presidente saliente, el proceso de traspaso de poderes, a pesar de lo atípico de las ceremonias que lo han acompañado, se ha completado con éxito; y que las comparaciones de los hechos vividos el 6 de enero con la *Kristallnacht* de noviembre de 1938 resultaron exageradamente lúgubres y pesimistas.

Pero parece obvio que el legado de Trump no se limita a la mera presencia o ausencia de su esperpéntica figura al frente del gobierno, ni se agota en el análisis de sus numerosas *boutades*. De entrada, las elecciones de noviembre confirmaron un enorme apoyo a su figura, si bien la valoración de su presidencia ha caído desde entonces.[3] Las

---

3. Informe Pew Research Center, 15.01.2021. Disponible en: https://www.pewresearch.org/politics/2021/01/15/biden-begins-presidency-with-positive-ratings-trump-departs-with-lowest-ever-job-mark/.

encuestas parecen confirmar que, todavía actualmente, la creencia entre el electorado republicano de que la victoria de Biden fue «arrebatada» al auténtico ganador sigue siendo abrumadoramente mayoritaria. Esto parece sugerir que el nuevo presidente no sólo tendrá una ardua tarea por delante para dirigir la acción de gobierno en un momento ya de por sí dramático por la crisis sanitaria, política y económica; sino que deberá hacer frente a la imperiosa necesidad de cohesionar a una sociedad más dividida y polarizada que nunca, y hacerlo en contra de muchos votantes republicanos, que le niegan, de entrada, la **legitimidad** de origen.

No, el legado de Trump, es decir, el trumpismo, ha potenciado la atracción de un conjunto de creencias e **ideas** ya en auge antes de la llegada de su mesiánico líder al poder. Su represión del movimiento *Black Lives Matter*, sus alardes homófobos, machistas y misóginos, su desacomplejada difusión de bulos, mentiras e infundios, amén de su desastrosa no–gestión de la pandemia, su desprecio a la ciencia y al pensamiento racional y su falta de compromiso con los valores y los procedimientos democráticos, pueden tener efectos devastadores sobre la salud de la democracia en el país que durante siglos ha encarnado simbólicamente la lucha por su mantenimiento, dentro y fuera de sus fronteras. El supremacismo blanco ha crecido y se ha fortalecido, y también lo han hecho grupos de activistas violentos y radicales que Trump nunca condenó, como los Proud Boys o el mismo movimiento QAnon. La futura deriva de todos ellos, envalentonados en los últimos años y ahora desconcertados, lanzará poderosas señales a la ciudadanía sobre los peligros derivados de apoyar ideas radicales, y podría contribuir a su desprestigio. Pero como ya hemos dicho en anteriores páginas, también en EEUU, como en Europa, será difícil medir y aislar el efecto de su propagación en el conjunto de la opinión pública estadounidense.

Lo que sí marca una diferencia entre el contexto europeo y el estadounidense —u otros— es que la propagación/legitimación de las ideas de la derecha radical se haya realizado desde el mismo centro del **poder**. El análisis sobre el auge de la ultraderecha en los países europeos que ha

constituido el centro de atención de este libro
ha constatado su avance hasta posiciones cercanas
al gobierno; pero no es lo mismo gobernar con un
partido de ultraderecha, o hacerlo gracias a su
apoyo, que colocar en la posición de máximo dirigente de un país a alguien con estas ideas. De
aquí que este libro finalice con una reflexión, de
nuevo, sobre el papel de los **partidos establecidos** al enfrentarse a la aparición de la ultraderecha.

La presidencia de Trump ha causado mucho
daño, pero podría servir para mostrar los peligros
reales de la llegada al poder de líderes autoritarios
que no creen en los valores democráticos favo-
recidos por el propio sistema. Las advertencias
de Levitsky y Ziblatt sobre los cortafuegos que
los partidos democráticos deben, en ese sentido,
imponer a este tipo de candidatos, y que se re-
cogían en la parte final de este libro, cobran de
nuevo relevancia. Al respecto, lo llamativo no
es que Pence diera la espalda al presidente; sino
que tardara tanto en hacerlo; lo llamativo no es que
10 congresistas republicanos votaran a favor del
impeachment; sino que 197 no vieran motivos para
hacerlo; lo llamativo no es que el viejo GOP trate

ahora de desvincularse del legado de Trump y mirar hacia el futuro; sino que buena parte de sus líderes persistan en cuestionar los resultados electorales del 3 de noviembre.

Es posible que, tal y como algunas voces auguran, el futuro de Trump se escriba en clave judicial. Pero tampoco es descartable que quien aún no se ha despedido de la primera línea de la política («volveremos»), se reincorpore con fuerza y recursos renovados, y lo haga a través de una nueva formación política[4] creada, desde sus inicios, para su mayor gloria. De ocurrir esto, los republicanos podrían por fin marcar distancias con el advenedizo que siempre lo fue, y subsanar los errores cometidos al apoyarle. Los demócratas, por su parte, verían más fácil su victoria al reducirse el tamaño de su tradicional adversario, afectado en mayor o menor medida por la aparición del «nuevo» contrincante. Pero las ventajas estratégico-competitivas derivadas de este posible escenario futuro para las formaciones políti-

4. https://www.elcorreo.com/internacional/eeuu/trump-organiza-maralago-20210121223248-ntrc.html.

cas estadounidenses no son comparables con los perjuicios que podría acarrear que unos y otros sigan pensando en clave electoral-partidista y no en unir esfuerzos para rescatar al sistema democrático de los peligros que le acechan.

No es previsible que la crisis estadounidense provoque un gran impacto en las trayectorias de los partidos de ultraderecha **europeos**. La mayoría de ellos han mantenido un perfil comunicativo bastante bajo en las últimas semanas en relación a este asunto, apoyando a Trump y tratando de desmarcarse de la violencia ejercida por los asaltantes el 6 de enero (como si no hubiera estado alentada por el mismo presidente), a la vez que culpabilizando también a la «extrema izquierda» de la misma. Creemos que la posibilidad de que la caída en desgracia de Trump les afecte en sus carreras hacia el éxito es bastante pequeña, o, en todo caso, tendrá una duración limitada en el tiempo, si bien de momento ha creado un sentimiento de orfandad entre quienes le consideraban un ejemplo a seguir. Este impacto podría ser mayor si, como defienden Levistky y Ziblatt, el resto de fuerzas políticas adoptara posiciones comunes para defender sin ambages la democracia, asumiendo que ésta no puede hacerlo sola.

¿En qué debe consistir el esfuerzo por «unir» y no dividir, por avanzar y restañar las heridas? Para estos autores el esfuerzo no pasa por ceder en el reconocimiento de «problemas que preocupan a la gente» y naturalizarlos o normalizarlos. No sería aceptable, desde este punto de vista, que algunos líderes republicanos que aspiran a suceder a Trump sigan haciéndose eco del argumento (circular) según el cual mucha gente cree que hubo fraude en las elecciones para justificar su defensa del mismo. Tampoco lo sería caminar hacia un modelo de país y de democracia que dé marcha atrás en la lucha por los derechos de las minorías, con el argumento de que esto necesariamente soliviantará a otros sectores del electorado que optarán siempre por opciones radicales. Por una parte, en este libro hemos avanzado que muchas investigaciones académicas señalan la importancia de las percepciones subjetivas y de los agravios comparados en la formación de los prejuicios raciales y anti-inmigración. Algo que, afortunadamente, se presta a ser objetivo de las políticas públicas. Por otra, esta decisión podría acarrear también consecuencias indeseadas: «Si el Partido Demócrata dejara de apoyar las demandas de las minorías étnicas o las relegara al último puesto de su programa, seguramente recuperaría algunos votantes blancos de rentas medias y bajas [...] Nosotros opinamos que se trata de una idea nefasta [...] Representaría una reiteración de algunos de los errores más bochornosos del país», que ha fallado hasta el presente, según Levitsky y Ziblatt en «construir una democracia verdaderamente multiétnica».[5]

No será fácil en las actuales circunstancias de catástrofe sanitaria afrontar la lucha contra la desigualdad económica y étnica, y no alimentar los prejuicios contra la exclusión. Por de pronto, el asalto al Capitolio ha tenido la virtud de mostrar las consecuencias de no tomar en serio las ideas, incluso cuando éstas apenas se hilvanan de manera consistente. Más aún, la utilización in-

---

5. Steven Levitsky y Daniel Ziblatt (2018). *Cómo mueren las democracias*, Ariel, Barcelona, págs. 261-262.

disimulada de la **violencia**, ha subrayado la necesidad de seguir analizando los vínculos entre la ideología de estas formaciones y sus peligros potenciales. Y, en línea con lo planteado en este libro, ha supuesto también un «pequeño-gran» cambio en el **lenguaje** con el que aludimos al fenómeno del auge de la ultraderecha: el recurso habitual al término del populismo ha perdido intensidad en las últimas semanas, al menos en los medios de comunicación. Conscientes de la fina y débil línea que separa a veces a quienes dicen defender la democracia (procedimental) pero no parecen compartir la creencia en sus valores, y quienes no dudan en recurrir a comportamientos radicales socavando a la vez principios e instituciones, valores y procedimientos, muchos/as están optando por denominarles, no ya populistas, sino **extremistas de derecha** o **ultraderechistas**. El fenómeno que representan líderes como Putin, Bolsonaro o el mismo Trump es muy distinto del vivido en sistemas de democracia parlamentaria pluralista y pluripartidista, que cuentan quizá con más mecanismos para evitar su llegada al poder. Pero si comparten alguna característica común, algún rasgo esencial que contribuye a definirlos, no es su populismo, sino el riesgo que todos ellos plantean para la supervivencia de las democracias.

Anexo

Partidos de ultraderecha en Europa Occidental		
Austria	BZÖ	Bündnis Zukunft Österreich (Alianza por el Futuro de Austria)
	FPÖ	Freiheitliche Partei Österreichs (Partido Liberal de Austria)
Bélgica	VB	Vlaams Blok (Bloque Flamenco)
	VB	Vlaams Belang (Interés Flamenco)
Suiza	AP	Auto-Partei (Partido de los Motoristas)
	SVP/UDC	Swiss People's Party (Partido Popular Suizo)
Alemania	REP	Republikaner (Republicanos)
	NPD	Nationaldemokratische Partei Deutschlands (Partido Nacional Democrático de Alemania)
	DVU	Deutsche Volksunion (Unión del Pueblo Alemán)
	AfD	Alternative für Deutschland (Alternativa por Alemania)

País	Sigla	Nombre
Dinamarca	FrP	Fremskrittspartiet (Partido del Progreso)
	DF	Dansk Folkeparti (Partido Popular Danés)
Finlandia	PS	Perussuomalaiset (Verdaderos Fineses)
Francia	FN	Front National (Frente Nacional)
	MNR	Mouvement national républicain (Movimiento Nacional Republicano)
Reino Unido	BNP	British National Party (Partido Nacional Británico)
	UKIP	United Kingdom Independence Party (Partido Independencia Reino Unido)
Grecia	HA	Chrysi Avgi (Amanecer Dorado)
	LAOS	Laikos Orthodoxos Synagermos (Concentración Popular Ortodoxa)
Italia	LL–AN	Lega Lombarda–Alleanza Nord (Liga Lombarda)
	LN	Lega Nord (Liga Norte)
	MSI–AN	Movimento Sociale Italiano–Alleanza Nazionale (Movimiento Social Italiano–Alianza Nacional)
	FdI	Fratelli d'Italia (Hermanos de Italia)
Países Bajos	CD	Centrum Democraten (Demócratas de Centro)
	LPF	Lijst Pim Fortuyn (Lista Pim Fortuyn)
	PVV	Partij voor de Vrijheid (Partido por la Libertad)
	FvD	Forum voor Democratie (Foro por la Democracia)
Noruega	FRP	Fremskrittspartiet (Partido del Progreso)

Suecia	NYD	Ny Demokrati (Nueva Democracia)
	SD	Sverigedemokraterna (Demócratas suecos)
España	Vox	Vox
Portugal	Chega	Chega

Bibliografía

Art, David (2011). *Inside the Radical Right. The Development and Impact of Anti-Immigrant Parties in Western Europe*, Cambridge University Press, Nueva York.

Arzheimer, Kai y Elisabeth Carter (2006). «Political Opportunity Structures and Right-Wing Extremist Party Success». *European Journal of Political Research,* 45: 419-443.

Arzheimer, Kai (2009). «Contextual factors and the extreme right vote in Western Europe 1980-2002». *American Journal of Political Research,* 53 (2): 259-275.

Bornschier, Simon y Hanspeter Kriesi (2013). «The populist right, the working class, and the changing face of class politics». En *Class Politics and the Radical Right*, editado por Jens Rydgren, Routledge, Nueva York.

Carter, Elisabeth (2005). *The Extreme Right in Western Europe*, Manchester University Press, Manchester.

—(2018). «Right-wing extremism/radicalism: reconstructing the concept». *Journal of Political Ideologies*, 23:2, 157-182.

Casals i Meseguer, Xavier (2020). «De Fuerza Nueva a Vox: de la vieja a la nueva ultraderecha española (1975-2019)». *Ayer*, 118/2020 (2): 365-380.

Ellinas, Antonis A. (2010). *The Media and the Far Right in Western Europe: Playing the Nationalist Card*, Cambridge University Press, Nueva York.

Hochschild, Arlie R. (2018). *Extraños en su propia tierra. Réquiem por la derecha estadounidense*, Capitán Swing, Madrid.

Ignazi, Piero (1992). «The Silent Counter Revolution: Hypotheses on the Emergence of the Extreme Right-Wing Parties in Europe». *European Journal of Political Research,* 22: 3-34.

Kitschelt, Herbert (en colaboración con Anthony J. McGann) (1995). *The Radical Right in Western Europe: A Comparative Analysis*, University of Michigan Press, Ann Arbor.

Levitsky, Steven y Daniel Ziblatt (2018). *Cómo mueren las democracias*, Ariel, Barcelona.

Meguid, Bonnie M. (2007). *Party Competition Between Unequals: Strategies and Electoral Fortunes in Western Europe*, Cambridge University Press, Nueva York.

Mudde, Cas (2007). *Populist Radical Right Parties in Europe*, Cambridge University Press, Cambridge.

—(2010). «The Populist Radical Right: A Pathological Normalcy». *West European Politics* 33(6): 1167-86. Disponible en: doi:10.1080/0 1402382.2010.508901.

Norris, Pippa y Ronald Inglehart (2019). *Cultural Backlash. Trump, Brexit, and Authoritarian Populism*, Cambridge University Press, Cambridge y Nueva York. Disponible en: doi: 10.1017/9781108595841.

Tjitske, Akkerman, Sarah L. de Lange y Matthijs Roodjuin (2016). *Radical Right-Wing Populist*

Parties in Western Europe. Into the mainstream? Routledge, Nueva York.

Von Beyme, Klaus (1988). «Right-Wing Extremism in Post-War Europe». *West European Politics,* 11(2): 1-18.

g